오늘은
시작하기
좋은
날입니다

인간관계가 어려운 당신.

자신과의 대화에 서툰 당신.

삶의 목표를 잃어버린 당신.

세상과 소통하고 싶은 당신.

망설이고 주저하는 당신.

# 오늘은
# 시작하기
# 좋은
# 날입니다

문병하 지음

# PART 01

인간관계가 어려운 당신에게

# 우정은 요구하지 않습니다

## PART 02
자신과의 대화에 서툰 당신에게
# 생각, 자신과 나누는 대화

## PART 03

삶의 목표를 잃어버린 당신에게

# 오늘은 내 삶의 첫날입니다

# PART 04

세상과 소통하고 싶은 당신에게

## 보는 것과 해석하는 것

바다를 건너기 위해서는 바람을 봐야 합니다

사람들은 각자 마음속에 매일매일 뜯어내는 달력을 지니고 있습니다. 이 달력은 첫 장을 들추어도 오늘, 또 들추어도 오늘이라고 되어 있습니다. 그런데 어떤 사람의 달력은 오늘이 아닌 하제('내일'의 순우리말)로 되어 있거나 어제로 되어 있습니다. 그들의 달력은 몇 장을 넘겨도 후회로 점철된 어제나 걱정 근심으로 가득한 하제가 나올 뿐입니다. 그래서 정작 살아야 할 오늘은 제대로 살지 못하고 맙니다. '오늘'이라는 단어는 '오다'의 관형형 '온'과 '날(日)'의 고어 형태인 '알'의 합성어로 시간적으로 '이미 와버린'이라는 의미를 담고 있습니다. 따라서 오늘이란 '이미 다가와버린 날'이라는 뜻입니다. 우리는 이미 다가와버린 오늘을 살 뿐입니다.

청소년기에는 빨리 어른이 되고 싶은데 시간은 더디게 흐르는 것만 같아 마음이 조급했습니다. 어른이 되면 하고 싶은 일도, 해야 할 일도 많을 거라고 생각했습니다. 그렇게 고등학교를 졸업하고 고대하던 어른이 되었습니다. 어른이 된 후에는 눈앞에 닥친 문제를 푸느라 셀 수 없는 날들을 보냈습니다. 목사로, 시민운동가로, 겸임교수로 수많은 사람을 만났습니다. 많은 사람들에게 배우고, 또 가르치기도 하며 치열하게 살아왔습니다. 그리고 돌아보니 35년이라는 시간이 흘렀습니다. 처음에는 다가오는 시간을 잡으려고 달렸으나 요즘은 빨리 날아가는 시간을 따라잡기도 힘들어 허덕거립니다.

돌이켜보니 지나간 일을 후회하고 오지 않은 일에 조급해하며 살아왔습니다. 의미 있게 살려고 노력했지만 삶을 즐기지는 못했습니다. 이제는 가는 시간을 놓아주고 오는 시간을 조급하게 기다리지 않고 다만 오늘을 즐기기로 했습니다. 지나간 어제도 다가올 하제도 아닌 오늘을 살기로 다짐했습니다.

한창 일에 매진하던 마흔에 믿었던 사람의 배신으로 세상을 등지고 긴 나들이를 한 적이 있습니다. 공안검사로부터 조사를 받다 이렇게 하다가는 더 얽히겠다는 생각에 도피를 한 것입니다. 당시 지역사회에서 활발하게 활동하던 사람이 종적을 감춰버렸으니 온갖 루머가 난무했습니다. 이미 짜인 각본에 맞서기보다는 잠시 소나기를 피해야겠다고 생각한 나들이 기간이 일 년 반이나 걸렸습니다. "파도는 부딪치되 다투지 아니한다." 순리대로 살자는 의미로, 도피하기 일 년 전 직원들과 연수를 갔던 제주 앞바다에서 파도를 보며 지은 좌우명입니다.

도피 생활 중 강릉의 한 바닷가에 머물던 어느 날, 시퍼런 밤바다를 바라보다 '파도가 다투지는 않지만 바다는 부딪치는 파도로 멍이 들었구나' 하는 생각이 들었습니다. 그리고 같은 파도를 보면서도 처지에 따라 파도가 달리 보인다는 사실을 이내 깨달았습니다.

그 후 일 년 반의 긴 나들이를 끝내고 다시 일상으로 돌아왔습니다. 세상은 나 없이도 잘 돌아가고 있었습니다. 내가 떠나면 곧 무너질 줄 알았던 조직은 새로운 리더를 맞아 불편 없이 작동하고 있었고, 내가 하던 역할도 다른 사람이 맡아서 잘하고 있었습니다. 내가 떠나 있어도 세상은 아무런 문제없이 잘 움직이고 있었습니다. 나는 예전의 직책으로 원상 복귀하였지만 세상을 대하는 자세가 달라졌습니다. '높이 오른 파도는 언젠가는 부서집니다. 그 파도를 일으키는 것은 바람입니다. 바다를 건너기 위해서는 파도를 보지 말고 바람을 보아야 합니다.' 그래서 요즈음은 파도를 보는 것이 아니라 바람을 봅니다. 바람이 어디서 불고 있는가를 주시합니다. 여기 실린 이야기들은 바람을 주시하고 있던 중에 얻은 깨달음입니다.

지난 4년간 예화의 바다에서 일어나는 파도를 보며 매일 두 편의 이야기를 페이스북에 올렸습니다. 이 책은 그중에서 오늘을 살아가는 사람들에게 조금이나마 격려와 용기, 그리고 힘을 주는 글을 모은 것입니다. 아무쪼록 한꺼번에 많이 읽기보다는 매일 찬찬히 살펴서 오늘, 영양가 있는 내 이야기로 만들 수 있기를 바랍니다.

# PART 01

# 우정은 요구하지 않습니다

_인간관계가 어려운 당신에게

편견의
안경

하루는 제자가 스승을 찾아와서 물었다.

"스승님, 어떻게 하면 다른 사람의 입장을 잘 이해할 수 있겠습니까?"

스승은 제자를 천천히 바라보며 대답했다.

"일어나서 창밖을 내다보아라. 무엇이 보이느냐?"

제자는 창밖을 내다보고 난 뒤 스승에게 말했다.

"어린아이들이 밝게 웃으며 뛰노는 모습이 보입니다."

그러자 스승은 다시 제자에게 일렀다.

"이번에는 거울 앞에 서보거라. 그리고 거울 속을 들여다보아라. 무엇이 보이느냐?"

제자는 거울을 들여다보고 나서 스승에게 말했다.

"스승님, 거울 속에는 제 모습만 크게 보입니다."

그 말을 듣고 스승은 제자에게 말했다.

"거울이나 유리창이나 똑같은 유리인데 어쩌하여 유리창을 통해서는 다른 사람의 모습을 볼 수 있고, 거울을 통해서는 다른 사람의 모습을 보지 못하고 자기 모습만 볼 수 있겠느냐? 그것은 거울 뒤에는 은칠이 되어 있기 때문이지. 네가 다른 사람을 제대로 바라보고 그들의 입장을 이해하기 위해서는 먼저 네 마음을 덮고 있는 은칠을 벗겨버려야 한다. 네 마음이 깨끗해져야 다른 사람을 제대로 볼 수 있을 것이다."

◇◇◇◇◇

다른 사람을 이해하기 위해서는 마음에 덧칠한 편견의 은칠을 벗겨버려야 합니다. 편견(偏見)이란 공정하지 못하고 한쪽으로 치우친 생각이나 말을 의미합니다. 또한 어떤 사람이나 사건에 대해 충분한 지식이나 경험을 갖기 전에 형성된 부정적인 평가나 나쁜 감정을 의미합니다. 편견은 잘못된 선입관, 또는 경험을 통한 고정관념에서 생깁니다. 자기가 만든 틀로 세계를 바라보기 때문에 편견이 생깁니다.

제인 오스틴은 소설 《오만과 편견》에서 "편견은 내가 다른 사람을 사랑하지 못하게 하고, 오만은 다른 사람이 나를 사랑할 수 없게 한다"라고 했습니다. 정보를 있는 그대로 받아들이기보다는 자신이 만든 틀에 넣고 바라보기에 편견이 생깁니다. 편견은 도수가 맞지 않는 안경을 쓰는 것과 같습니다. 이 세상에서 가장 큰 편견은 '나는 편견이 없다'는 생각입니다. 누구나 크든 작든 편견을 갖고 있습니다. 확인되지 않는 사실이 친구를 적으로 만들 수 있듯 편견은 잘못된 판단을 하게 합니다. 다른 사람을 이해하기 위해서는 편견의 안경을 벗고 한쪽으로 굳어진 생각의 틀을 깨뜨려야 합니다.

편견에서 벗어나기 위해서는 꽃밭이 아닌 꽃을 보아야 합니다. 전체를 보기보다는 구체적인 것을 보아야 합니다. 꽃밭에 꽃이 아무리 많아도 다 같은 꽃이 아닙니다. 같은 종류라 해도 꽃 하나하나 생김새가 다릅니다. 개별적인 독립성을 인정해주는 것이 편견에서 벗어나는 길입니다.

내 감정의 은칠을 벗겨내야 합니다. 마음을 비울 때 비로소 다른 사람을 제대로 볼 수 있습니다. 다른 사람의 입장을 쉽게 이해할 수 있습니다. 너그럽고 여유로운 마음이 필요한 까닭이 여기 있습니다.

# 빌려야
# 사는
# 남자

아주 먼 옛날, 사람과 짐승이 대화를 나누던 시절에 앞을 못 보는 남자가 살고 있었다. 남자의 소원은 단 하나였다.

'한 번이라도 좋으니 눈을 뜰 수만 있다면….'

어느 날 밤 부엉이 한 마리가 남자를 찾아왔다.

"아저씨의 소문을 듣고 당신을 도울 수 있을 것 같아서 찾아 왔어요. 나는 밤에만 움직이니까 낮에는 눈이 필요 없어요. 그러니까 낮 동안에는 내 눈을 빌려드릴게요. 그러나 밤에는 꼭 돌려줘야 해요."

다음 날 아침 남자의 눈앞에 환한 세상이 펼쳐졌다. 그는 떨듯이 기뻐하며 눈을 빌려준 부엉이에게 진심으로 고마워했다. 그날부터 하나의 눈을 낮에는 남자가 사용하고, 밤에는 부엉이가 사용하며 함께 생활을 해나갔다. 이렇게 며칠이 지나자 남자는 문득 밤하늘이 보고 싶어졌다. 남자의 마음에 은근히 욕심이 자라났다.

'부엉이와 눈을 함께 쓰는 바보가 어디 있담.'

햇볕이 쨍쨍 내리쬐는 어느 날, 남자는 부엉이가 잠든 사이에 먼 곳으로 도망을 쳤다. 그날 밤 남자는 밤하늘의 별을 보며 기뻐했다.

그런데 며칠이 지나자 남자의 눈이 희미해지더니 마침내 아무것도 보이지 않게 되었다. 그제야 남자는 더듬거리며 다시 부엉이가 있는 집으로 돌아왔다.

"왜 나를 버리고 도망을 갔어요. 난 밤에 먹이를 찾지 못해서 여러 날을 굶었어요. 그러니 내 눈도 기운을 잃고 만 거예요."

부엉이는 이 말을 마치고는 그만 죽고 말았다. 남자는 후회의 눈물을 흘렸지만 소용이 없었다.

◇◇◇◇◇

그리스 시대의 배우들은 가면을 쓰고 연극을 했는데, 그때 배우가 쓴 가면을 페르소나(Persona)라고 불렀습니다. 페르소나는 '~통하여'라는 뜻의 'per'와 소리를 뜻하는 'sonare'

의 합성어입니다. 페르소나는 배역(Character)이라는 뜻으로 발전했고, 여기서 사람을 뜻하는 단어(Person)가 생겨났습니다. 따라서 사람이란 어원적으로 보면 '가면 밑에서 소리를 통하여 드러난 존재'라 할 수 있습니다.

사람은 여러 개의 가면을 쓰고 살아갑니다. 가면을 통해 보여주고 싶지 않은 것은 감추고, 드러내고 싶은 것을 보여주며 살아갑니다. 정신의학자인 칼 융은 다른 사람에게 보이는 또 다른 자아를 '페르소나'라고 설명했습니다. 사람들은 자신에게 맡겨진 역할, 즉 페르소나에 맞추어 살아가고 있습니다. 사람이 인격적(Personality)으로 만난다는 것은 가면을 쓰고 만나는 것이 아니라 가면 속에 있는 속말이 서로 통하는 것을 의미합니다. 즉, 소통이 된다는 뜻이지요. 비인격적이라 함은 말이 통하지 않는 상태를 말합니다. 친구와 속말을 감춘 채 가면을 쓰고 만나면 그 관계는 비인격적으로 바뀌게 됩니다.

가면을 쓴 채 욕망에 가득 찬 눈으로만 사람을 바라보면 주변에는 친구가 아니라 온통 물리쳐야 하는 경쟁자와 원수만 보일 뿐입니다. 가면을 벗고 진실한 마음으로 상대에게 다가가 보십시오. 진심이 통하면 상대방 역시 가면을 벗고 나를 마주볼 것입니다.

우정은
요구
하지
않습니다

연극 공연을 준비하고 있는 배우에게 어느 날 친구가 찾아왔다. 친구는 연습을 하는 배우를 말없이 바라보다 말했다.

"친구, 구두끈이 풀어졌네!"

배우는 얼른 구두끈을 고쳐 맨 후 연극 연습을 계속했다. 친구는 그의 모습을 바라보다가 얼마 후 극장 밖으로 나갔다. 그러자 배우는 맸던 구두끈을 다시 풀고 연습을 계속했다. 옆에 있던 사람이 그 모습을 보고 물었다.

"왜 다시 구두끈을 푸세요?"

그러자 배우가 웃으며 대답했다.

"이번 연극의 내 배역은 거지입니다. 구두끈을 풀고 어수룩하게 보여야 합니다. 그런데 구두끈이 풀어졌다고 얘기한 친구는 자기 나름대로 나에게 잘되라고 조언한 것이기에 그대로 들어주었습니다. 이제 그가 나갔으니 끈을 다시 풀어놓아야지요.”

◇◇◇◇◇

고대 철학자 아리스토텔레스는 “친구는 제 2의 자신이다(A friend is a second self)”라고 했습니다. 친구와의 우정은 종교나 이념 등 어떤 목적을 가진 동지적 관계도 아니며, 혈연으로 맺어진 관계도 아닌 자연 발생적인 사랑의 관계입니다. 그런 점에서 보면 우정은 남녀 간의 사랑보다 더 근본적인 ‘관계’인지도 모릅니다.

우정은 서로에 대한 호감에서 시작됩니다. 그러나 일단 우정이 형성되면 우정 그 자체가 목적이 되는 조건 없는 사랑의 관계가 지속됩니다. 그래서 가장 친한 친구를 뜻하는 ‘BEST FRIEND(베스트 프렌드)’에는 10개의 뜻이 담겨 있습니다. B(Believe, 믿음) 항상 믿어주는 사람, E(Enjoy, 기쁨) 기쁨을 함께 나눌 수 있는 사람, S(Smile, 미소) 함께 있으면 미소가 저절로 나오는 사람, T(Thank, 감사) 작은 것에도 감사하는 사람, F(Feel, 느낌) 눈빛만으로도 느낌이 통하는 사람, R(Respect, 존중) 격의가 없지만 또한 존중해주는 사람,

I(Idea, 생각) 떨어져 있어도 생각나는 사람, E(Excuse, 양해) 잘못은 확실히 인정하는 사람, N(Need, 필요) 필요할 때 함께하는 사람, D(Develop, 발전) 발전에 도움을 주는 사람.

세상에서 가장 큰 사랑은 조건 없는 사랑입니다. 우정은 그런 사랑에 가장 가까운 형태일지도 모릅니다. 애정은 요구를 하지만 우정은 요구하지 않기 때문입니다. 기대하는 것도 바라는 것도 없지만 언제 만나자고 해도 어색하지 않은 친구가 진짜 친구입니다. 해도 될까 하지 말아야 할까 궁리하지 않고 나오는 대로 말하고 행동해도 웃으며 받아주는 사람, 하루 종일 같이 있어도 지겹지 않고, 시답지 않은 이야기에도 맞장구쳐주는 사람, 그런 사람이 있다면 벗이라고 불러도 좋습니다.

그런 친구의 얼굴이 떠오르지 않는다면 내가 먼저 그런 친구가 되어주는 것은 어떨까요? 친구는 찾아지는 것이 아니라 되어지는 것입니다. 인권운동가인 함석헌 선생의 물음에 진심으로 긍정의 대답을 할 수 있다면 당신은 이미 훌륭한 친구입니다.

"온 세상이 다 나를 버려 마음이 외로울 때도 '저 맘이야' 하고 믿어지는 그 사람을 그대는 가졌는가?"

다음은 중국 고사에 나오는 이야기이다.

　한 젊은이가 벼슬자리를 얻어 임지로 떠나는데 전송 나온 친구가 같이 걸어가면서 충고를 했다.

　"벼슬자리에서 일하려면 무엇이건 참아야 하네."

　친구의 말에 젊은이가 응답했다.

　"암, 참아야지…."

　그런데 조금 더 가더니 친구가 다시 말을 건넸다.

　"벼슬자리에서 일하려면 무슨 일이든 참아야 하네. 명심하게."

　이번에도 젊은 친구는 친구의 말에 순순히 대꾸했다.

"참고말고… 참아야지."

친구는 조금 가더니 세 번째로 충고를 했다.

"참아야 하네… 참는 것을 잊어서는 안 되네."

세 번째 충고에도 벼슬자리를 얻은 젊은이는 대답을 했다.

"암, 참고말고…."

그런데 조금 더 가다 말고 친구가 또다시 충고를 하는 것이었다. 칭찬도 세 번이면 듣기 싫다고 하는데 같은 충고를 네 번씩이나 하다니… 순간 젊은이는 버럭 화를 내고 말았다.

"아! 이 사람아, 한두 번 말했으면 됐지 네 번씩이나… 누구를 조롱하는 건가."

그러자 친구가 웃으며 말했다.

"이보게, 내가 네 번 말했다고 화를 내면 쓰나. 인내라는 것이 이렇게 힘든 것이라네."

◇◇◇◇◇

충고를 들을 수 있는 귀를 가진 사람은 행복합니다. 충고를 해줄 수 있는 사람이 있는 것도 행복입니다. 상대방에게 충고를 할 때는 마음속으로 다섯 가지를 헤아려보아야 합니다.

첫째, 때를 가려야 합니다. 충고할 만한 때를 가려서 말하고, 알맞지 않을 때는 말하지 않는 것이 낫습니다. 둘째, 진심으로 해야 합니다. 충고하기 전에 시기심이나 질투의 마음에서 하는 말이 아닌지 스스로 물어보아야 합니다. 셋째, 부드러운 말씨로 해야 합니다. 자신의 감정을 잘 다스리고 부드럽게 말해야 합니다. 감정을 다스리지 못한 충고는 때로 비난으로 들리기 때문입니다. 넷째, 의미 있는 말만 해야 합니다. 핵심을 잘 파악한 후에 말하고, 무의미한 말을 하지 않아야 합니다. 빙빙 둘러말하다가는 상대방이 알아듣지 못하고 오해를 하기 쉽습니다. 다섯째, 인자한 마음으로 이야기해야 합니다. 인자한 마음은 표정에 드러나며 목소리에 실려 있습니다.

그러나 가장 중요한 점은 충고를 들을 마음이 있는 사람에게 해야 한다는 것입니다. '너나 잘하세요' 하는 자세와 마음가짐을 가진 사람에게 충고는 오히려 독이 됩니다. 그래서 충고는 듣는 사람에게 칼이 아닌 방패가 되게 해야 합니다. 충고가 칼이 되면 듣는 사람은 마음에 피를 흘립니다.

주변을 둘러보면 충고를 하는 사람은 많은 데 반해 충고를 잘 받아들이는 사람은 많지 않습니다. 미국 역사상 가장 영향력 있는 대법관이었던 올리버 웬델 홈스는 "말하는 것은 지식의 영역이고, 듣는 것은 지혜의 특권이다"라고 말했습니다. 충고를 하는 건 쉽지만 잘 듣는 건 어려운 까닭에 충고를 하는 사람보다 충고를 받아들일 줄 아는 사람이 더 성숙한 사람입니다. 누군가에게 충고를 하기에 앞서, 나는 그동안 진심 어린 충고를 잘 듣고 받아들이는 사람이었는지 돌아보는 건 어떨까요?

배려,
공존의
원칙

　깨달음을 얻기 위해 구도의 길을 나선 순례자가 어느 마을 입구에서 큰 금덩어리를 하나 주웠다. 그는 얼마쯤 가다가 마을에서 한 젊은이를 만났다.

　젊은이가 순례자에게 물었다.

　"제가 지난밤에 꿈을 꾸었는데 동구 밖으로 가면 보물을 가진 이를 만날 테니 보물을 받아 오라고 했습니다. 혹시 선생님이 보물을 갖고 계신가요?"

　순례자는 잠시 생각에 잠기는 듯하더니 주운 금덩어리를 선뜻 젊은이에게 건네주었다. 젊은이는 금덩어리를 받아들고 기뻐하며 집으로 돌아갔다. 그런데 그날 젊은이는 밤새 잠을 이룰 수가 없었다.

'그 사람은 어떻게 이 귀한 금덩어리를 말 한마디만 듣고 망설임 없이 내어줄 수 있었을까?'

다음 날 젊은이는 일어나자마자 순례자가 머물고 있는 숙소로 찾아갔다.

"또 무슨 일로 오셨습니까?"

순례자의 물음에 젊은이가 공손히 대답했다.

"저는 어제 이 금덩어리를 받고 종일 생각했습니다. 선생님께서 이 금덩어리를 그렇게 쉽게 제게 내어주신 걸 보니 이 금덩어리는 꿈에서 말한 보물이 아닌 것 같습니다. 이 금덩어리가 보물이었다면 그렇게 쉽게 제게 줄 수 있었겠습니까? 아마도 보물은 다른 데 있는 것 같습니다. 이 금덩어리를 돌려드릴 테니 금을 서슴없이 내어준 당신의 마음을 저에게 주십시오."

배려는 상대방의 입장에 서보는 것입니다. 배려의 바탕에는 공감이 있습니다. 독일어로 '공감'을 뜻하는 단어(Einfuhlen)는 '안에(ein)'라는 단어와 '느끼다(fuhlen)'라는 말의 합성어로, 즉 '들어가서 느낀다'는 의미입니다.

다른 사람의 마음을 자신의 마음처럼 혹은 다른 사람의

처지나 아픔을 자신이 겪은 일처럼 느끼는 것이 공감이라면, 배려는 이러한 공감을 바탕으로 그 사람에게 실제적으로 도움이 되는 행동을 의미합니다. 따라서 공감 능력이 뛰어난 사람이 배려심도 높습니다.

다른 사람을 배려하는 것은 결과적으로 내가 존중받는 일이 됩니다. 내가 다른 사람을 존중하지 않는다면, 당연히 다른 사람도 나를 존중하지 않을 것입니다. 예의를 지키지 않는 사람에게 좋은 감정을 느끼거나 좋은 말이 나가지는 않을 테니 말입니다. 이처럼 배려는 타인을 존중할 때 나오는 자연스러운 행동이자 공존의 원칙입니다.

배려에는 나쁜 경쟁을 행복한 경쟁으로 바꾸는 힘이 있습니다. 가장 행복한 경쟁은 네 것을 내 것으로 만드는 것이 아니라 내 것과 네 것을 지속 가능하게 만들고 내 것을 함께 나누는 게 아닐까요? 이것은 배려를 통해서만 가능합니다.

우리의 삶 또한 지혜를 얻고자 순례의 길을 떠난 구도자와 같습니다. 손에 금이 가득해도 나눌 수 없다면 금은 무거운 짐이 될 뿐입니다. 오늘날 우리의 마음에 필요한 진정한 보물은 금이 아니라 배려입니다.

만남은
운명
이다

　이른 아침부터 차에 이삿짐을 가득 싣고 어디론가 떠나려는 사람이 있었다. 그는 식구들을 다 이끌고 다른 동네로 떠날 작정이었다. 어느덧 남자의 집 앞에 하나둘 모여든 이웃들이 남자에게 물었다.

　"아침부터 갑자기 어디로 떠나려는 거예요?"

　남자가 고개를 저으며 말했다.

　"이 동네는 사람 살 곳이 못 됩니다. 여기 사람들은 너무 무식하고 가난한 데다 예절도 모르면서 욕심은 많고 다투기만 합니다. 그래서 우리는 이 동네를 떠나기로 결심했습니다."

　남자의 가족이 서둘러 마을을 떠난 시각, 마침 다른 한 가족이 이 동네로 들어오고 있었다. 그들은 방금 차에 짐을 싣고 동네를 떠난 사람이 살던 집으로 이사를 오는 사람들이었다.

마을 사람들은 이사 온 가족을 반갑게 맞이하며 어디서 왔는지 물었다. 그러자 그들은 환히 웃으며 대답했다.

"저희는 이 동네 사람들이 가난하고 병을 앓는 사람도 많아 불행하게 산다는 소문을 듣고 그들의 이웃이 되기 위해 이 동네로 이사 오기로 했습니다. 우리 식구들과 함께 힘 닿는 데까지 그들을 돕고 싶어서요."

◇◇◇◇◇

좋은 이웃을 찾기 위해 동네를 떠난 사람은 자신이 바라는 좋은 이웃을 영원히 만나지 못할지도 모릅니다. 아마 끝없이 헤매거나 실망의 쓴잔을 마시게 될 가능성이 많습니다. 그러나 이사 오는 사람은 짐작컨대 어디를 가든지 좋은 이웃이 될 수 있을 것입니다. 참된 이웃은 좋은 이웃을 찾는 사람이 아니라 먼저 좋은 이웃이 되려는 사람이기 때문입니다.

나카지마 카오루는 그의 책 《단순한 성공법칙》에서 이렇게 말합니다.

"운이 좋은 사람과 나쁜 사람, 모두 같은 사람이건만 이런

차이는 도대체 어디에서 오는 것일까요? 재능 혹은 노력 아니면 하늘이 내려준 운명이 그렇게 만드는 것일까요? 그 차이는 오로지 '만남'에 있습니다. '누구와 만나고, 무엇을 선택할 것인가'에 따라 그 사람의 인생이 결정된다는 것이 바로 내가 내린 최종 결론입니다."

만남에는 여러 가지 모습이 있습니다. 먼저 꽃과 같은 만남은 꽃이 피어서 예쁠 때는 아름다움에 대한 찬사를 아끼지 않습니다. 그러나 꽃이 지고 나면 돌아보는 이가 하나도 없듯 자기가 좋을 때만 찾아오는 만남은 꽃과 같은 만남입니다. 둘째, 저울과 같은 만남입니다. 저울은 무게에 따라 이쪽저쪽으로 기웁니다. 나에게 이익이 있는지를 따져 이익이 큰 쪽으로만 움직이는 만남은 저울과 같은 만남입니다. 셋째, 산과 같은 만남입니다. 산이란 온갖 새와 짐승의 안식처이며 멀리서 보거나 가까이 가거나 늘 그 자리에서 반겨줍니다. 이처럼 생각만 해도 편안하고 마음 든든한 만남이 산과 같은 만남입니다. 넷째, 땅과 같은 만남입니다. 땅은 뭇 생명의 싹을 틔워주고 곡식을 길러내며 누구에게나 기꺼이 은혜를 베풀어줍니다. 한결같은 마음으로 지지해주는 만남이 바로 땅과 같은 만남입니다.

만남은 상대적입니다. 꽃이 꽃을 만나기 쉽고, 산이 산을

만나기 쉽습니다. '지금껏 왜 좋은 벗, 좋은 연인을 만나지
못한 걸까?' 자문하며 좋은 만남을 찾고 있다면, 내가 먼저
누군가의 좋은 인연이 되어보는 건 어떨까요?

진짜
명의를
찾아라

편작은 죽은 사람도 살려낸다고 알려진 중국의 명의이다. 그
에게는 두 명의 형이 있었는데, 막내인 편작만큼 세상에 이름을
널리 알려지는 못했지만 그들도 훌륭한 의사였다.

어느 날 위나라의 문왕이 편작에게 물었다.

"그대의 삼형제 중에 누가 진짜 명의인가?"

편작이 대답했다.

"큰형님이 가장 훌륭하고 그 다음은 둘째 형님, 그 다음이 저
입니다. 큰형님은 환자가 아픔을 느끼기 전에 얼굴빛으로 이미
그 환자에게 다가올 병을 압니다. 그래서 환자가 병이 나기도
전에 병의 원인을 제거해줍니다. 그러므로 환자는 아파보지도
못한 상태에서 치료를 받게 되어 저의 큰형님이 자신의 병을 치

료해주었다는 사실을 알지 못합니다. 큰형님이 명의로 소문나지 않은 이유가 바로 여기 있습니다. 저의 둘째 형님은 환자의 병세가 미미할 때 병을 알아보고 치료에 들어갑니다. 그래서 환자들은 둘째 형님이 자신의 큰 병을 낫게 해주었다고 생각하지 않습니다. 저는 병이 커지고 환자가 고통 속에서 신음할 때, 비로소 그 병을 알아봅니다. 환자의 병세가 심각하므로 맥을 짚어보아야 하고 진기한 약을 먹여야 했으며, 살을 도려내는 수술을 진행해야 했습니다. 그런데 사람들은 저의 그러한 행위를 보고서야 비로소 제가 자기들의 병을 고쳐주었다고 믿는 것입니다."

◇◇◇◇◇

많은 사람들이 눈에 보이는 것이 전부이고, 귀에 들리는 것이 진실인 것처럼 말합니다. 그러나 내가 알고 있는 것, 내가 믿고 있는 것은 극히 일부이거나 진실과 전혀 다를 수도 있습니다. 때로는 드러난 사실보다 드러나지 않은 사실이 더 중요할 수도 있습니다. 겉으로 드러나 보이는 스펙이 그 사람의 인격은 아니듯 말입니다.

우리에게 잘 알려진 생텍쥐페리의 소설 《어린왕자》에서

어린왕자는 이렇게 말했습니다.

"지금 우리가 보고 있는 것은 단지 껍데기에 불과하다. 중요한 것은 눈에 보이지 않는다. 사람이 어떤 것을 정확하게 볼 수 있는 건 오직 마음으로 볼 때이다."

눈에 보이는 것만을 추구하다 보면 거짓으로 치장하는 사회가 되고, 이런 사회는 무한경쟁으로 피 흘리는 세상을 만듭니다. 그럴수록 보이지 않는 것의 소중함을 아는 마음이 필요합니다. 마음으로 상대방을 바라보면 그의 진심과 잠재력이 보이고, 그렇게 타인을 보는 사람들이 많아질 때 사람 사는 세상이 열립니다.

거짓과 호도된 여론으로 치장된 현상의 숲 속에서 진실을 보기 위해서는 경쟁으로 핏발 선 눈을 감고 조용히 마음의 눈을 떠야 합니다. 마음의 눈을 뜨고 앞모습을 보면 그 사람의 정체를 알 수 있고, 뒷모습을 보면 그 사람의 존재를 알 수 있습니다. 진실은 앞모습과 뒷모습을 온전히 볼 때 그 모습을 드러냅니다. 진실한 모습을 볼 수 있도록 스스로 내면의 힘을 기르는 연습이 필요한 때입니다.

편견,
선입견,
백문이
불여
일견

한 여자가 기차역에서 잡지책과 과자 한 봉지를 샀다. 여자
는 기차가 도착할 때까지 대합실에서 기다리기로 하고 의자에
앉았다. 그때 여자 곁으로 한 남자가 다가와 앉더니 옆에 놓아
둔 과자 봉지를 뜯는 것이 아닌가? 여자는 놀랐지만 모른 척하
고 과자를 하나 집어 입에 넣었다. 그렇게 하면 남자가 눈치를
채고 자리를 피할 거라고 생각했기 때문이다. 그러나 남자는 아
무 말 없이 과자를 또 집어 먹었다.

여자는 괘씸한 마음이 들었지만 아무 말도 하지 않고 계속해
서 과자를 하나씩 집어 먹었다. 남자도 말없이 과자를 하나씩
집어 먹었다. 어느새 과자가 하나밖에 남지 않았다. 남자는 마
지막 과자를 절반으로 쪼개어 한쪽은 여자에게 주고, 나머지는

자기가 먹었다. 그러고는 기차가 도착하자 손을 털고 일어났다.

'세상에 저런 날강도, 강심장도 다 있나!'

여자는 기차를 타면서도 남자의 뻔뻔한 모습이 떠올라 기분이 언짢았다. 이윽고 기차가 출발했다. 휴지를 꺼내려고 가방을 여는 순간, 가방 속에 과자봉지가 그대로 들어 있는 게 아닌가! 뻔뻔한 사람은 바로 자신이었던 것이다.

◇◇◇◇

혹시 우리도 자신의 뻔뻔함에 스스로 속고 있지는 않습니까? 살아가면서 우리는 다른 사람을 오해하기도 하고 반대로 오해를 받기도 합니다. 오해는 잘못된 선입견, 편견, 이해의 부족에서 생기고, 결국 잘못된 결과를 가져옵니다. 영어로 '이해'를 뜻하는 단어(Understand)는 '밑에 서다'라는 뜻으로, 그 사람의 입장에 서서 생각하고 바라보는 것을 의미합니다.

그러나 가장 큰 오해는 자기가 자신에게 하는 오해입니다. 내가 나 자신을 가장 잘 아는 것 같지만 사실은 제일 모를 수도 있습니다. 같은 '나'인데도 내가 아는 '나'와 다른 사람이 아는 '나'가 다를 수 있습니다. 그렇다면 어떤 내가 진짜 '나'일까요? 어쩌면 다른 사람이 아는 내가 진짜 나일 수도 있습니다. 특히 인간관계에 있어서는 더욱 그렇습니다. 나는 스스로 신사라고 생각하지만 다른 사람은 나를 좀팽이라고 여길 수도 있기 때문입니다. 이렇듯 나 자신도 잘 모르는데 다른 사람을 잘 안다고 자신할 수 있을까요? 원만한 인간관계는 서로 잘 모른다는 사실을 인정하는 것에서부터 시작해야 오해를 낳지 않습니다.

인간관계에 대한 수학공식이 있습니다. '5 - 3 = 2'란 어떤 큰 오해(5)라도 세 번(3) 생각하면 이해(2)할 수 있게 된다는 뜻이고, '2 + 2 = 4'란 이해(2)와 이해(2)가 모일 때 사랑(4)이 된다는 뜻입니다. 대부분의 오해는 사소하고 하찮은 일로부터 시작됩니다. 전혀 그럴 의도가 없었는데 상대방이 오해를 하는 경우도 있고, 그릇된 선입견이 오해를 만들기도 합니다.

사람은 누구나 마음속에 두 마리의 개를 키운다고 합니다. 한 마리는 '선입견'이라고 하고, 또 한 마리는 '편견'이라고 부릅니다. 그런데 선입견과 편견이라는 두 마리 개를 쫓아버리는 한 마리의 특별한 개가 있습니다. 바로 '백문이불여일견'입니다. "백 번 듣는 것보다 한 번 보는 것이 낫다"는 말이지요.

혹시 그동안 나 자신에 대해 오해를 하고 있지는 않았는지, 잘못된 눈으로 타인을 판단하지는 않았는지 살펴보았으면 합니다. 그러면 생각보다 쉽게 그 사람과의 엉킨 실타래를 풀 수 있을지도 모릅니다.

우리를
변화
시키는
힘

가을 소풍을 다녀온 다음 날 초등학교 1학년 미술시간이었다. 선생님은 반 아이들에게 소풍을 주제로 그림을 그려보라고 했다. 아이는 자기 나름대로 열심히 그림을 그렸다. 파란 하늘에 붉은 태양도 그리고, 친구들이 손에 손을 잡고서 즐겁게 걸어가는 모습도 그렸다. 나무도 그리고, 예쁜 꽃도 몇 송이 그려 넣었다.

아이는 그림을 다 그리고 난 뒤 바탕을 어떤 색으로 칠할지 한참 고민하다가 자기가 제일 좋아하는 색깔인 진한 남색으로 채웠다.

조금 뒤 선생님이 와서 그림을 보더니 아이를 꾸짖었다.

"이 녀석아, 환한 대낮에 이렇게 어두운 색깔을 잔뜩 칠해놓으면 어떻게 하니? 이런 엉터리 같은 그림이 어디 있어. 그림이 너무 엉망이어서 교실 벽에 붙여놓을 수가 없구나!"

선생님의 꾸짖음은 아이의 마음에 깊은 상처로 남았다. 그때 부터 아이는 그림에 대한 자신감을 상실해버렸다.

몇 개월 뒤 2학년이 된 아이는 첫 번째 미술시간을 맞이했다. 새로운 담임선생님이 아이들에게 말했다.

"여러분, 하얀 도화지 위에 여러분이 원하는 것을 자유롭게 그려보세요."

다른 아이들은 신이 나서 열심히 그림을 그렸지만, 아이는 그림을 그릴 수가 없었다. 1학년 때 담임선생님에게 받았던 지적 때문이었다. 아이는 그저 도화지를 앞에 놓고 안절부절못하면서 빨리 미술시간이 지나가기만을 바랐다.

이윽고 선생님이 교실을 한 바퀴 빙 둘러보며 학생들의 그림을 하나하나씩 관찰했다. 그러다가 그 아이 앞에 이르렀다. 아이는 자기의 작은 심장에서 쿵쿵거리는 소리를 들을 수 있을 정도로 불안에 떨었다. 그런데 뜻밖에도 선생님은 아이의 머리를 쓰다듬으며 말했다.

"이야! 정말 멋진 그림이구나. 온 들판에 하얀 눈이 흠뻑 쌓였네!"

선생님의 말에 감동한 아이는 선생님의 칭찬을 일평생 잊으려야 잊을 수 없게 되었다.

◇◇◇◇◇

살면서 종종 누군가의 비난이나 비판을 듣게 됩니다. 한쪽 귀로 듣고 다른 한쪽으로 흘려보낼 수 있는 비판도 있지만, 때로는 영혼에 상처를 남기는 비난을 듣게 되는 경우도 있습니다. 그 비난이 스스로 수긍할 수 없는 일로 인한 것이라면 더욱 그렇습니다.

만약 그런 비난으로 인해 의기소침한 하루를 보내고 있다면, 낙심하기 전에 몇 가지를 자문해보아야 합니다. "비난은 어디에서부터 비롯된 것인가?", "과연 모두가 내게 적대적인가?", "비난에 조금이라도 진실이 담겨 있는가?", "비난으로부터 배울 만한 점이 있는가?"

우리는 살면서 수많은 사람을 만나게 됩니다. 그런데 우리를 변화시킨 힘은 비난과 책망을 하는 사람에 의해서가 아니라, 나를 믿어주고 격려와 칭찬을 하는 사람에 의해 생깁니다. 오늘, 당신은 누군가에게 비난과 비판의 말을 많이 했습니까? 격려하고 칭찬하는 말을 더 많이 했습니까?

평소 아는 사람을 만날 때면 어떻게 인사를 합니까? 이왕이면 더 좋은 말과 밝은 표정으로 인사를 하는 것이 낫지 않을까요? "많이 늙으셨네요. 얼굴이 어두워 보이는데 어디 불편하세요?"라고 인사하는 것보다는 "얼굴이 좋아지셨습니다. 무슨 기쁜 일이라도 있으십니까?" 하고 인사하는 것이 듣는 사람의 마음을 편안하게 하지 않을까요?

겸손은
힘들어

여고 동창생이 우연히 길거리에서 만나 찻집에 들어갔다. 자리에 앉자마자 한 친구가 자랑을 늘어놓기 시작했다.

"우리 남편은 얼마나 자상한지 몰라. 계절이 바뀔 때마다 옷을 바꿔 입으라고 상품권을 사온단다."

그러자 다른 친구가 무척 부러워하며 말했다.

"어머, 참 환상적이구나!"

친구가 부러워하는 모습을 보자 그녀는 더욱 신이 나서 말을 이어갔다.

"그뿐인 줄 알아. 우린 한 달에 한 번씩 외국 여행을 가기로 했단다."

"와, 그래? 아주 환상적이구나!"

"우리 아들은 학교에서 전액 장학생이 되었는데 틈틈이 아르바이트를 해서 나한테 용돈을 줬지 뭐니."

"어머, 너무너무 환상적이구나!"

한 친구는 계속해서 침을 튀어가며 자기 자랑을 하고, 다른 친구는 연신 감탄사를 쏟아냈다. 그렇게 한참 동안 자랑을 늘어놓던 친구가 듣고 있던 다른 친구에게 물었다.

"그런데 넌 요즘 뭐하고 지내니?"

그러자 친구는 겸손한 목소리로 대답했다.

"응, 난 요즘 화술학원에 다니고 있어. 그런데 거기선 '꼴값 떠네'라고 말하는 대신 '아주 환상적이구나!'라고 말하라고 하더라고."

◇◇◇◇◇

베르나르 베르베르는 소설 《웃음》에서 '인생의 자랑'에 대해 이야기했습니다. 2세 때는 똥오줌 가리는 것이 자랑거리이고, 3세 때는 이가 나는 것이 자랑거리이며, 12세 때는 친구가 있다는 것이 자랑거리, 18세 때는 자동차를 운전할 수 있다는 것이 자랑거리, 20세 때는 사랑을 할 수 있다는 것이 자랑거리, 35세 때는 돈이 많은 것이 자랑거리라고 합니다. 그런데 50세가 되면 자랑거리가 거꾸로 된다고 합니다. 50세 때는 돈이 많은 것이 자랑거리라면, 60세 때는 사랑을 하는 것이 자랑거리, 70세 때는 자동차를 운전할 수 있는 것이 자랑거리, 75세 때는 친구들이 남아 있는 것이 자랑거리, 80세 때는 이가 남아 있는 것이 자랑거리, 85세 때는 똥오줌을 가릴 수 있는 것이 자랑거리가 된다는 말이지요.

결국 인생이란 똥오줌 가리는 것을 자랑스러워하다가 사는 동안 똥오줌을 내 손으로 가리는 걸로 마감하는 것입니다. 그렇다면 너무 큰 욕심에 목을 매고 애써 자랑거리를 찾으며 사는 것보다 오늘 하루 건강하고 평안한 것에 만족하며 감사하는 마음으로 사는 것이 더 행복한 삶이 아닐까요?

물론 사람에게 자랑거리가 있다는 것 자체가 나쁜 건 아닙니다. 하지만 타인에게 칭찬받고 싶은 마음에 자신을 자랑하고 드러내는 데만 집착하게 되면 관계의 문은 닫혀버리고 맙니다. 반대로 다른 사람의 자랑거리를 발견하고 먼저 그것을 칭찬해주는 말로 대화를 시작한다면 관계의 문을 여는 열쇠가 됩니다.

비밀은
없다

중년이 된 네 명의 여고 동창생들이 한자리에 모였다. 그녀
들은 세상 돌아가는 이야기, 여고 시절의 이야기로 시간이 가는
줄 모르고 이야기꽃을 피웠다. 그러던 중 한 명이 한숨을 푹 내
쉬면서 비밀을 털어놓기 시작했다.

"있잖아, 나는 해서는 안 될 사랑에 깊이 빠져버리고 말았어.
어떻게 해야 될지 모르겠어."

모두가 놀란 토끼눈을 하고서 이야기를 들었다. 다 듣고 난
뒤 또 다른 여인이 자기의 비밀을 털어놓기 시작했다.

"나는 남편 몰래 주식에 투자했다가 엄청난 빚을 지고 말았
어. 남편이 이 사실을 알면 큰일인데 어떻게 해야 될지 모르
겠어."

그녀의 이야기가 끝나자 세 번째 여인도 비밀을 털어놓았다.

"나는 나도 모르게 도박에 손을 대서 남편 모르게 집문서까지 갖다 맡긴 상태야. 남편이 이 사실을 알면 나를 쫓아내려고 할 텐데 어떻게 해야 될지 모르겠어."

이제 마지막 네 번째 여인이 남았다. 그녀는 얼굴이 새빨개진 채 아무 말도 하지 못하고 우물쭈물하고 있었다. 그 모습을 본 친구가 그녀에게 용기를 북돋워주었다.

"괜찮아! 털어놓아. 그래야 속이 시원해지는 거야. 우리가 죽을 때까지 비밀을 지켜줄 테니까 말해."

그제야 마지막 여인이 힘겹게 입을 열었다.

"나는 아무리 고치려고 노력해도 고칠 수 없는 큰 병이 있어. 무슨 말이든지 남에게서 들은 얘기를 마음에 담아두지 못하고 꼭 털어놓고 마는 수다쟁이인데…… 어떻게 하지?"

◇◇◇◇◇

사람 사이에 비밀은 없습니다. 비밀을 말하는 순간 그것은 이미 비밀이 아닙니다. 내가 간직하지 못하는 비밀은 다른 사람도 간직해주지 못합니다. 사람 사이에 숨긴 것은 언젠가 폭로되고, 감춘 것은 어디서든 드러나기 마련입니다.

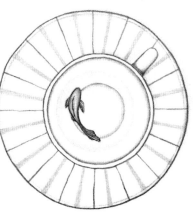

비밀을 간직한 사이에는 불신과 의심만 커갈 뿐입니다. 선의로 하는 거짓말은 아름답게 보일 수도 있지만, 선의의 거짓말이라도 어느 순간 거짓과 허물을 덮으려는 수단이 될 때는 오히려 진실을 죽이게 됩니다.

벽에도 귀가 있고 천장에도 눈이 있습니다. 입에서 떠나가는 순간 비밀은 더 이상 비밀이 아닙니다. 자기 혼자 아는 비밀은 영혼을 옥죄는 갑옷이며, 둘이 아는 비밀은 관계를 구속하는 쇠사슬입니다. 사람 사이에는 허물이 되는 비밀을 만들지 않는 것이 좋습니다. 누군가 찾아와서 한참 말하고는 끝머리에 "이 말 비밀로 해주세요"라고 한다면, 그것은 "이 말을 은밀히 널리 알려주세요"라고 하는 말의 또 다른 표현일 뿐입니다.

누구나 나약한 자신의 존엄성을 지키기 위한 비밀 한두 가지는 있는 법입니다. 그러나 비밀이 많은 관계는 닫힌 관계입니다. 인간관계에서 비밀이 많으면 많을수록 그 비밀이 드러나는 소리는 큰 법입니다. 특히 추악한 진실을 감추기 위한 목적의 비밀이라면 그것이 드러날 때 파장은 더욱 심각할 것입니다. 지키지 못할 비밀이라면 솔직하게 드러내는 편이 더 낫습니다.

이사
가는
부엉이

　남산으로 날아가던 부엉이 한 마리가 잠시 숲 속에 앉아 쉬
고 있었다. 그때 마침 그곳에 있던 산비둘기가 부엉이에게 말을
건넸다.

　"넌 어딜 그렇게 숨 가쁘게 날아가니?"

　그러자 부엉이가 억울하다는 듯이 대답했다.

　"난 남산으로 가는 중이야."

　산비둘기가 이유를 묻자 부엉이가 대꾸했다.

　"북산에 사는 사람들 때문에 그래."

　"북산에 사는 사람이 왜?"

　"북산 사람들이 내 목소리가 듣기 싫다며 나를 미워해서 말
이야. 그래서 하는 수 없이 이사를 가게 됐어."

산비둘기는 고개를 갸웃거리며 말했다.

"내 생각으론 어딜 가도 소용없을 것 같은데…. 원인은 네 목소리에 있으니까. 네 목소리를 고치지 않는 이상 어딜 가나 널 미워할 거야."

◇◇◇◇◇

관계의 문제는 피한다고 해결되지 않습니다. 또한 관계의 문제는 크든 작든 마음에 상처를 남기게 되어 있습니다. 많은 사람들이 관계의 문제가 생기면 일단 피해버립니다. 하지만 관계를 끊고 도피한다고 문제가 해결되는 것은 아닙니다. 어떤 사람과 문제가 생겨 그 사람과의 관계를 차단하더라도 상대방에 대한 분노와 비난은 사라지지 않습니다. 분노와 비난은 배신감과 복수심을 불러일으킵니다. 물리적으로 거리를 두었다고 하더라도 정신적으로 불편한 관계가 계속된다면 여전히 문제는 해결된 것이 아닙니다.

관계의 문제는 양쪽 모두에게 책임이 있습니다. '함께(With)'의 문제이기 때문입니다. 물론 두 사람 간에 누가 더 큰 잘못을 저질렀으며, 또 누가 사건을 유발했는가 하는 문제의 원인은 밝힐 수 있을 것입니다. 그러나 이는 오히려 사태를 악화시킬 뿐 근본적인 문제 해결에는 도움이 되지 않습니다.

관계를 의미하는 영어 단어(Relationship)의 어원은 '한 배를 탄 사람'이라는 뜻입니다. 함께 배를 탔기 때문에 혼자서만 그 배를 풍랑 속에 빠뜨릴 수는 없습니다. 관계의 문제는 공동의 책임입니다. 따라서 문제의 해결도 함께 풀어나가야 합니다.

인간관계를 원만하게 유지하는 데 필요한 세 가지 법칙이 있습니다. 첫 번째는 노크의 법칙입니다. 상대방의 마음의 문을 열려면 먼저 노크를 하고, 나에 대해 알려주십시오. 다음은 거울의 법칙입니다. 거울은 먼저 웃지 않습니다. 내가 웃어야만 거울 속의 내가 웃듯 인간관계도 내가 먼저 웃어야 합니다. 내가 먼저 관심을 갖고 공감하고 배려하십시오. 마지막으로 짚신의 법칙이 있습니다. 짚신도 짝이 있듯 사람들도 각자 맞는 짝이 있기 마련입니다. 싫은 사람과 억지로 친해지려고 애쓰지 마십시오. 모든 사람을 친구로 만들려 하지 말고 나와 통하는 사람과 친해지는 것이 바람직합니다.

아,
그랬
구나

　질문을 많이 해야 아이가 빨리 성장하고 머리도 좋아진다는 내용의 강좌가 TV에서 흘러나오고 있었다. TV를 보던 엄마는 거실에 엎드려서 그림책 속 사자를 보고 있는 아이에게 물었다.

　"애, 만약 사자가 따라오면 어떻게 할 거야?"

　아이가 웃으면서 대답했다.

　"총으로 쏘면 돼요."

　엄마가 다시 물었다.

　"그런데 총알이 없으면 어떻게 해?"

　아이는 재빨리 대답했다.

　"자동차로 도망가요."

　"자동차가 고장 났으면 어떻게 하지?"

아이는 곰곰이 생각하더니 대답했다.

"나무 위로 올라가면 돼요."

엄마가 진지하게 물었다.

"그런데 사자가 나무 위로 올라오면 어떻게 할까?"

그러자 아이는 울상을 지으며 엄마에게 말했다.

"도대체 엄마는 누구 편이에요? 왜 자꾸 사자 편만 드는 거예요?"

◇◇◇◇◇

상대방이 이야기하면 판단하거나 충고하지 말고 그냥 들어주세요. 특히 아내와 대화할 때는 두 마디만 하면 됩니다. "아, 그렇구나.", "그런데, 어떻게 됐는데?" 그러면 그 다음은 아내가 다 이야기할 것입니다. 그런데 많은 남편들은 재판장이 되려고 합니다. "아니, 그건 그렇게 하는 게 아니고… 그래서… 어쩌고저쩌고… 이게 문제야!" 아내가 남편에게 말을 하는 이유는 대화를 나누기 위함인데 남편은 아내가 말을 하면 판단을 요구하는 것으로 오해합니다. 그러나 아내는 재판장을 원하는 것이 아니라 공감해주는 사람을 원하고 있습니다. 다 듣고 난 다음 "아, 그랬구나" 하고 동의해주면 아내는 남편에게 듣고 싶은 말을 다 들은 것이나 마찬가지입니다. 공감하지 않는 대화는 세월이 갈수록 부부 사이를 멀어지게 합니다. 부부 사이는 판단하는 사이가 아니라 공감하는 사이이기 때문입니다.

판단언어는 소통을 막는 벽입니다. 소통에도 기술이 필요한데 여기 건전한 의사소통을 위한 다섯 가지 A가 있습니다. 첫째는 감사(Appreciation)입니다. 친한 사이일지라도 "고마워"라는 말을 자주 하십시오. 둘째는 질문(Ask)입니다. 미리 결론을 내리기보다는 "내가 도와줄 것은 없나요?" 하며 질문을 하십시오. 또한 들으면서 이해가 되지 않는 것이 있다면 자세히 물으십시오. 셋째는 애정(Affection)입니다. "멋있어요.", "사랑해.", "당신이 최고야!"처럼 애정이 담긴 말을 많이 하십시오. 넷째는 주의(Attention)입니다. 이야기를 들을 때 말하는 사람을 쳐다보고 상대방의 말에 집중하십시오. 다른 생각을 하거나 딴청을 피우면 소통에 벽이 생깁니다. 다섯째는 긍정(Affirm)입니다. 말하는 사람을 인격적으로 인정해주고 부정적인 결론보다는 긍정적인 결론을 내릴 수 있게 노력합니다.

내가 듣고 싶은 말은 상대방도 듣고 싶은 말입니다. 충고하려 들지 않고 지지하려는 생각이 밑바탕에 있을 때 소통의 문은 저절로 열립니다. 공감은 입술로 하는 것이 아니라 마음으로 하는 것입니다. 입술에서 나온 30초가 가슴에 30년 남을 상처가 될 수 있습니다. 사람은 귀 때문에 망하기보다는 입 때문에 망합니다. 충고의 말은 줄이고 공감의 웃음을 늘려나갈 때 두 사람 사이에 막힌 벽도 사라질 것입니다.

# 소원을
# 말해봐

천사가 두 명의 여행객을 만나 함께 여행을 했다. 그런데 그
중 한 명은 욕심이 많은 사람이었고, 또 한 명은 질투심이 많은
사람이었다. 한참을 여행하다가 헤어지게 되었을 때 천사가 말
했다.

"두 분 중 한 분이 소원을 말하십시오. 그 소원을 들어드리겠
습니다. 다른 한 분에게는 앞에 말한 사람이 말하여 얻은 것의
두 배를 드리겠습니다."

생각지도 않은 행운에 기뻐해야 할 두 여행객은 오히려 심각
한 고민에 빠졌다. 욕심 많은 사람은 자신이 먼저 이야기했다가
는 두 번째 사람이 자기보다 더 많이 얻을 것이므로 말하지 못
했고, 질투가 많은 사람 역시 상대방이 자기보다 두 배나 많이

얻는 것을 견딜 수 없어 가만히 있었다. 서로 상대방이 먼저 말하기를 기다리느라 둘 다 아무 말 없이 침묵하는 시간만 계속되었다. 참다못한 천사가 떠나려고 하자 욕심 많은 사람이 질투심 많은 사람의 멱살을 쥐고 흔들며 말했다.

"야! 네가 먼저 얘기해. 말 안 하면 죽이겠다."

그러자 질투가 많은 사람이 고민하다가 소원을 내뱉었다.

"내 소원은 한쪽 눈이 멀게 되는 것입니다."

그 순간 욕심 많은 사람은 두 눈이 다 멀어버리고 말았다.

◇◇◇◇◇

욕심과 질투는 관계를 해치는 가장 큰 적입니다. 내가 갖고자 하는 마음이 욕심이라면 질투는 남이 가진 것을 시기하는 마음입니다. 욕심은 자기의 것을 채우지 못할 때 마음이 상하지만 질투는 남이 가진 것 때문에 영혼이 상합니다. 욕심은 좋은 것을 고르지만 질투는 좋고 나쁜 것을 구분하지 않습니다.

성서에 의하면 욕심은 아버지 아담에 의해 들어왔고, 질투는 그의 아들 가인이 물려받았습니다. 욕심과 질투는 둘 다 관계와 공동체를 파괴한다는 점에서 비슷하지만 욕심보다 질투가 더 위협적입니다. 욕심이 개인적이라면 질투는 관계적이기 때문입니다.

단테의 《신곡》에는 질투로 가득했던 자들이 연옥에서 고통을 받는 장면이 묘사되어 있습니다. 그들은 지나온 자신들의 삶에 대해 이렇게 고백합니다.

"나는 언제나 다른 사람이 비통해하는 것을 내가 지닌 행운보다 더 즐겼지요. 내가 받은 축복에 즐거워하기보다는 남이 안되고 힘들어하고 애통해하는 것을 더 즐거워했습니다. 나의 피는 언제나 질투로 부글부글 끓고 있었어요. 혹시나 기뻐하는 사람을 보면 그 기쁨에 창백해지는 내 얼굴을 볼 수 있었을 거예요. 남의 기쁨, 남이 잘되는 것을 도무지 봐줄 수가 없었다는 말입니다. 그들이 파멸해야 오히려 속이 시원했습니다."

질투를 하면 할수록 비생산적인 일에 감정을 소모하고 남과 자신을 비교하는 데 많은 시간을 쏟게 됩니다. 무엇보다 질투를 하는 것은 상대보다 자신이 못났음을 인정하는 것과 같습니다. 친구라 말해놓고, 그가 잘되었을 때 진심으로 기뻐해줄 수 없다면 내 영혼 깊숙한 곳에 질투가 똬리를 틀고 있는 건 아닌지 살펴보아야 합니다.

칭찬의
나비
효과

두 신사가 복잡한 시내에서 택시를 탔다. 택시가 목적지에 도착하자 한 신사가 기사에게 팁을 주며 말했다.

"기사님! 태워주셔서 감사합니다. 운전을 아주 점잖게 잘하시네요."

그러자 기사는 그에게 조심스럽게 물었다.

"선생님! 혹시 종교를 가지고 계신가요?"

신사가 환하게 웃으며 대답했다.

"아닙니다. 교통체증에도 차분하게 운전하시는 모습이 감탄스러워 드린 말입니다."

이 말을 들은 택시 기사는 기분 좋게 떠났다. 그 광경을 지켜보던 친구가 물었다.

"어째서 기사에게 팁을 주었나?"

그러자 신사가 웃으며 대답했다.

"내가 기사에게 친절하게 대하면 그 기사도 수십 명의 승객들에게 친절하게 대할 것이고, 그러면 그 승객들도 기분이 좋아져 가족과 주위 사람들에게 친절하게 대하게 될 테지. 그러면 이 도시가 조금씩 달라지지 않겠나? 그래서 나는 날마다 열 명에게 좋은 말을 한마디씩 해주기로 다짐하고 실천하려고 노력하는 중이라네."

◇◇◇◇◇

"칭찬은 고래도 춤추게 한다"고 하지만 사실 칭찬을 하는 것이 쉬운 일은 아닙니다. 칭찬보다는 비난거리가 먼저 보이고, 칭찬의 생각보다는 비판적인 생각이 먼저 떠오르는 경우가 많기 때문입니다. 입은 귀에서 들은 이야기에 익숙하여 지적하는 말이 칭찬의 말보다 앞서 나옵니다. 따라서 칭찬을 잘하기 위해서는 먼저 자신을 칭찬할 줄 알아야 합니다. 자신을 가장 많이 비난하는 사람이 자신이기 때문입니다. "그런 것도 못해!", "나 같은 것은 할 수 없어.", "네 까짓 것이 뭘." 자기 자신을 살펴보면 비난과 질책으로 가슴속이 시퍼렇게 멍들어 있는 경우가 많습니다. 자기가 자신을 칭찬하지 못하면 남을 칭찬하는 것 역시 쉽지 않습니다. 억지로 하는 칭찬은 자신을 더 비굴하게 만들기 때문입니다.

부정적인 모습을 보려고 들면 끝이 없습니다. 부정의 끝은 "나는 안 돼"입니다. 아침마다 거울을 보면서 스스로를 칭찬하십시오. "나는 오늘도 멋진 날을 살 수 있다.", "나는 어떤 어려움도 이길 수 있는 능력을 가지고 있어.", "나는 내가 생각하는 것보다 훨씬 멋진 사람이야." 저녁이면 잠자리에 들기 전에 거울을 보고 격려하십시오. "그래, 오늘도 최선을 다했고 수고 많았어.", "오늘로 끝이 아니고 내일도 있으니까 힘을 내."

자신을 사랑하는 사람만이 진실한 칭찬을 할 수 있고, 자신에게 긍정적인 사람만이 진심 어린 칭찬을 할 수 있습니다. 칭찬은 긍정의 표현이기 때문입니다. 지금부터라도 작은 실수에 자신을 비난하거나 미워하기보다는 작은 성과라도 칭찬하고 대견해하는 마음을 가져보세요.

# 고독을
# 치료하는
# 약

1979년 뉴욕에서 유명한 사진작가의 전시회가 열렸다. 사진전의 제목은 '한 인간의 고독'이었다.

사진의 배경은 흑인들만 살고 있는 뉴욕의 뒷골목이다. 불꺼진 석유난로, 새벽녘 창가에 뿌옇게 내려앉은 냉기만이 감도는 방 한 칸에 노인이 흰 벽을 향하여 담요를 뒤집어쓰고 앙상하게 누워 있다. 노인의 머리맡에는 전화기가 한 대 놓여 있다.

사진의 초점은 바로 이 전화기에 맞춰져 있었다. 아무도 찾지 않는 밀폐된 방 안에 외부 세계와의 연결점이라고는 가느다란 전화선뿐이다. 전화벨은 하루에 한 번씩 어김없이 울렸다.

"밤새 별일 없으셨습니까?"

이 전화는 자녀들이나 친구들이 아닌 장의사의 문의 전화였다. 전화의 응답이 없으면 노인이 간밤에 죽은 줄로 알고 앰뷸런스가 신속하게 찾아오도록 조치가 되어 있었다.

작가는 죽음을 확인하기 위한 전화선 하나를 제외하고는 외부 세계와 단절되어 있는 노인의 방에서 죽음 앞에 서 있는 인간의 고독을 보여주었다.

◇◇◇◇◇

인생은 본질적으로 고독합니다. 어머니의 태에서 분리되어 이 땅에 나오는 순간 고독은 시작됩니다. 먹고 자고 성장하면서 놀고 사귀고 배우고 일하고 병이 들어도 스스로 싸워야 합니다. 인간은 살아가는 과정에서 끊임없이 고독을 함께 나눌 누군가를 찾아 헤매지만 결국은 혼자일 수밖에 없습니다. 연애도 하고 결혼도 하고 가정도 만들지만 근본적인 고독의 굴레에서 벗어날 수는 없습니다.

그러나 인간은 고독한 존재라는 사실 때문에 다른 존재를 사랑하려고 듭니다. 고독을 치유하고자 더 많이 사랑하고 더 많이 베풀며 더 많이 포용합니다. 사랑의 대상은 사람만이 아닙니다. 꽃과 나무, 새와 강아지 모두 사랑의 대상입니다. 사랑은 고독을 치료하는 약입니다. 별이 지고 꽃이 시

드는 것을 사랑하는 한 더 이상 고독하지 않습니다. 고독을 넘어서는 것이 사랑이기 때문입니다. 그래서 고독은 사랑의 원천입니다.

　세상에서 가장 고독한 이는 함께 사랑을 나눌 사람이 없는 사람입니다. 아무것도 사랑하지 않을 때 고독은 어둠처럼 슬며시 찾아듭니다. 만약 고독이 찾아왔다면 다음 사랑을 준비하는 시간으로 만들어야 합니다. 시인 이정하는 〈고독하다는 것은〉에서 고독을 사랑을 기다리는 시간으로 노래했습니다.

　고독하다는 것은 사랑할 준비가 되어 있다는 뜻입니다.
　내 마음을 고스란히 비워 당신을 맞이할 준비가
　다 되어 있다는, 그래서 당신이 사무치게 그립고,
　어서 오기만을 기다린다는 그런 뜻입니다.

들을
귀
있는
사람은
들으라

1997년 미 해군 전투함 벤포드 호의 함장 취임식이 있었다.
전임 함장이 인사말을 마치고 내려가자 병사들이 야유를 보내
고 비아냥거리며 휘파람을 불어댔다. 당시 벤포드 호는 전투력
이 떨어지고 군기까지 엉망인 부대로 낙인 찍혀 있었다. 새로
취임한 함장이었던 아브라쇼프는 이 모습을 지켜보며 몇 년 후
자신의 이임식이 어떨지 상상해보았다. 그는 장병들의 절도 있
는 경례를 받으며 벅찬 가슴으로 함교를 떠나고 싶었다.

그가 함장으로 취임하자마자 가장 먼저 한 행동은 병사들의
이야기를 '경청'하는 것이었다. 그는 몇 달 동안 장병들과 대화
를 나누며 가장 큰 불만이 무엇인지, 무엇을 개선해야 하는지를
들었다. 가장 시급한 것은 바로 '깡깡이'라고 하는 배 밑바닥 청

소와 페인트칠 작업이었다. 바다의 신사라 불리는 해군에 입대했는데 하루 24시간을 배 밑에서 녹슨 나사를 뺐다 끼우는 일로 보내고 있는 상황이니 사기가 떨어지는 건 당연했다.

아브라쇼프 함장은 병사들의 이야기를 경청한 뒤 바로 배 안의 모든 나사를 녹슬지 않는 알루미늄 나사로 바꿨다. 그리고 깡깡이 작업을 가장 효과적으로 할 수 있는 방법을 모색했다. 해법은 병사들이 이미 잘 알고 있었다. 제독은 장병들에게 함포 사격과 출동 훈련 같은 해병 본연의 임무에 집중할 수 있도록 했다. 그 이듬해 벤포드 호의 부대원들은 전투력 훈련에서 미 해군함 중 최고의 점수를 얻는 영예를 차지했다.

◇◇◇◇◇

해결할 수 없는 문제에 대한 이야기를 듣는 것만큼 괴로운 일은 없습니다. 자기 자신이 떠안게 된 문제라면 그 무게는 더할 것입니다. 그러나 들어주는 것만으로 해결되는 일이라면 문제는 다릅니다. 바다는 들어오는 강물을 품되 결코 강물에 동화되지 않습니다. 진지하게 듣는 것만으로 말하는 이의 마음을 살필 수 있다면 경청하는 지혜를 구해야 합니다.

경청하기 위해서는 다섯 가지를 갖추어야 합니다. 첫째, 판단하기보다는 공감할 준비를 해야 합니다. 대화를 시작할 때 먼저 마음속에 있는 편견과 선입견, 충고하고 싶은 생각들을 모두 다 비워내고 그냥 들어주십시오. 상대방과 나 사이에 아름다운 공명이 생기도록 준비를 합니다.

둘째, 상대방을 인정해야 합니다. 상대방의 말과 행동에 집중하여 상대방이 얼마나 소중한 존재인지 인정해야 합니다. 상대를 완전한 인격체로 인정해야 진정한 마음의 소리를 들을 수 있습니다.

셋째, 말하기를 절제해야 합니다. 말을 배우는 데는 2년이 걸리지만, 침묵을 배우는 데는 60년이 걸린다고 합니다. 누구나 듣기보다 말하기를 좋아하는 이유는 상대를 이해하기 전에 내가 먼저 이해받고 싶은 욕구가 앞서기 때문입니다.

넷째, 겸손하게 이해합니다. 교만하면 들을 수 없습니다. 상대의 감정에 겸손한 마음으로 공감하며 듣는 사람이야말로 경청의 대가입니다.

다섯째, 온몸으로 응답합니다. 경청은 귀로만 하는 것이 아니라 눈으로도 하고, 입으로도 하고, 손으로도 할 수 있습니다. 상대의 말에 몸짓과 눈빛으로 반응함으로써 진정으로 귀 기울이고 있다는 신호를 온몸으로 보냅니다.

경청은 말하는 사람에게 집중하는 것입니다. 경청에는 때로 인내가 필요합니다. 그러나 상대방의 말을 공감하며 들으면 말하는 사람에게 새로운 동기를 부여하고 용기와 희망을 심어줄 수 있습니다. 또한 경청은 귀로 듣는 것이 아니라 마음으로 듣는 것입니다. 호감이 가는 사람은 말을 잘하는 사람보다 말을 잘 들어주는 사람인 경우가 많습니다.

대부분의 갈등은 들어주는 것만으로도 상당 부분 해결됩니다. 진심을 다해 경청하면 관계에서 오는 갈등과 혼란 역시 줄어들 것입니다.

# 국수와
# 국시

서울 총각과 경상도 처녀가 결혼했다. 어느 날 저녁 신랑이 말했다.

"여보, 우리 국수 끓여 먹읍시다."

이 말을 들은 신부가 대답했다.

"국시지, 국수라예?"

그날 저녁 신랑 신부는 국수와 국시 문제로 결혼 후 처음 말다툼을 했다. 국수와 국시 문제의 앙금이 가시지 않은 다음 날, 둘은 주례 선생님을 찾아갔다. 두 사람의 이야기를 듣고 난 뒤 주례 선생님이 말했다.

"국수와 국시는 재료가 다르다네. 국수는 밀가루로 만든 것이고, 국시는 밀가리로 만든 것이지."

이 말을 들은 부부가 되물었다.

"밀가루와 밀가리는 어떻게 다릅니까?"

부부의 물음에 주례 선생님은 진지하게 대답했다.

"밀가루는 봉투에 들어 있는 것이고, 밀가리는 봉다리에 담겨 있지."

이 말을 들은 부부는 이상하다는 듯이 캐물었다.

"아니, 그럼 봉투와 봉다리는 어떻게 다릅니까?"

그러자 주례 선생님은 근엄하게 대답했다.

"봉투는 기계로 찍은 것이고, 봉다리는 손으로 붙여서 만든 거라네!"

◇◇◇◇◇

같은 것을 보고도 다르게 말하기에 인간입니다. 자라온 배경이 다르고 삶의 방식이 다르고 하는 생각이 다르기 때문입니다. 한 방향만을 바라보라고 말하는 것은 인간의 인간됨을 포기하라는 뜻과 같습니다.

사람들 사이에서 일어나는 다툼은 같은 것을 보고도 다르게 말하기 때문인 경우가 많습니다. 같은 돌이라도 어디에 놓여 있느냐에 따라 역할이 달라집니다. 길 한가운데 놓여 있으면 걸림돌이 되지만 냇물 가운데 놓여 있으면 디딤돌이 되고 건물 한쪽에 놓이면 주춧돌이 됩니다. 문제는 돌이 아니라 어디에 있느냐입니다.

마찬가지로 같은 것을 보고도 다르게 말하는 까닭은 논리의 문제가 아니라 감정의 문제이기 때문입니다. 감정의 문제는 법이 아니라 '우리'가 함께 나눔으로써 풀어나갈 수 있습니다. '우리'가 된다는 것은 자기의 주체성을 포기하는 것이 아닙니다. 같은 것을 보고도 다르게 말하는 것을 인정하게 될 때 비로소 '우리'가 되었다고 할 수 있습니다. 서로 다름을 인정하기 위해서는 귀를 열고 상대의 이야기를 들어주어야 합니다. 다양한 모습의 우리가 함께할 때 삶의 변화를 이끄는 힘이 생깁니다.

내일이면
늦으리

어느 단란한 가족이 있었다. 식구들은 아버지의 생일을 축하하기 위해 계획을 짰다. 엄마는 아버지가 좋아하는 음식을 준비하고, 큰아들은 집안 청소를, 딸은 집을 멋지게 장식하고, 작은아들은 생일 케이크를 멋지게 꾸미기로 했다.

드디어 생일날 아침, 아버지가 출근하자마자 식구들은 분주히 움직이기 시작했다. 그런데 점심때쯤 뜻밖에 아버지가 일찍 퇴근을 하고 집으로 들어왔다. 아버지는 부엌에 가서 아내에게 물을 좀 달라고 했다. 음식 준비에 여념이 없던 아내가 말했다.

"여보, 나 지금 바쁘니까 직접 따라 마실래요?"

아버지는 거실로 가서 청소를 하고 있던 큰아들에게 부탁했다.

"애야, 아버지 실내화 좀 가져다주련?"

큰아들은 이내 대답했다.

"저 지금 바쁜데 아버지가 가져가세요."

아버지는 집안 여기저기를 장식하고 있는 딸에게 말했다.

"담당 의사에게 전화 좀 해서 내가 평소에 먹던 약을 처방해 달라고 해주겠니?"

그러나 딸은 아버지의 부탁을 거절했다.

"저 지금 바쁘니까 아버지가 직접 하세요."

"그러지."

아버지는 힘없이 대답하고는 이층 침실로 올라갔다. 그때 작은아들이 자기 방에서 무언가를 열심히 만들고 있는 모습을 보고 물었다.

"뭐 하니?"

작은아들은 하던 것을 감추며 대꾸했다.

"아무것도 아니에요. 근데 아버지, 저 혼자 있고 싶으니까 잠깐 나가주실래요?"

아버지는 분주한 가족을 뒤로하고 방으로 들어갔다.

드디어 저녁이 되자 아버지의 생일 파티를 위한 모든 준비가 끝났다. 식구들은 정성껏 준비한 이벤트를 보여주기 위해 침실에 들어가 아버지를 깨웠다. 그러나 아버지는 이미 이 세상 사람이 아니었다.

시간은 기다려주지 않습니다. 지금 사랑하십시오. 내일 사랑하겠다고 하면 늦어질 수 있습니다. 오늘 사랑하십시오. 사랑은 시간이 아니라 관심입니다. 사랑은 이벤트가 아니라 일상입니다. 사랑은 오래 참는 것이 아니라 지금 하는 것입니다. 사랑은 명사가 아니라 동사입니다. 말이 아닌 실천입니다. 그런데 많은 사람들이 사랑하기를 주저합니다. 진실한 것이 아닌 왜곡된 것을 사랑하려 합니다. 사랑이 아닌 것을 사랑이라고 말하며 좇습니다.

작가 필 컬러웨이는《돈 한 푼 없이 부자로 사는 법》이라는 책에서 물질적인 힘을 얼마나 소유하고 있는지와 상관없이 삶의 형태가 어떻게 바뀐다 할지라도 변함없이 사랑하는 사람이 있다면 그 사람이 바로 진정한 '부자'라고 했습니다. 사랑하는 사람이 있고, 사랑할 사람이 있다면 부자입니다.

신학자 존 파월이 "인간을 하나님께 묶어놓은 것은 사랑이다"라고 이야기했듯이 사랑은 신의 성품입니다. 인간이 세상에 살면서 신의 성품으로 살 수 있는 때는 사랑을 할 때입니다. 결핍된 사랑을 다른 사람에게서 찾으려 들지 말고 내 안에 있는 사랑의 우물을 파십시오.

# PART 02

# 생각, 자신과
# 나누는 대화

_자신과의 대화에 서툰 당신에게

더
나은
선택

아프리카의 어느 부족에서는 결혼을 앞둔 처녀들을 위해 특별한 행사를 한다. 처녀들을 옥수수 밭으로 데리고 가서 각자 한 고랑씩을 맡아 그 고랑에서 제일 크고 좋은 옥수수를 한 개씩 따게 하는 일이다. 제일 크고 좋은 옥수수를 딴 처녀가 그날의 승리자가 된다. 여기에는 규칙이 있는데 한번 지나친 것은 다시 돌아볼 수 없고 다시 돌아갈 수도 없다. 오직 앞만 보고 가다가 마음에 드는 옥수수 하나만을 따야 한다. 도중에 좋은 것이 있다고 해서 그것을 버리고 다시 딸 수도 없기 때문에 행사에 참여한 처녀들은 신중을 기할 수밖에 없다. 그런데 옥수수를 따러 들어간 처녀들은 하나같이 못나고 형편없는 옥수수를 쥔 채 풀이 죽은 모습으로 나오는 경우가 많다. 왜 그럴까?

고랑에 들어가서 옥수수를 고르다 이것이다 싶으면 저 앞에 더 좋은 것이 보이고, 저거다 싶으면 그 앞에 더 좋아 보이는 것이 눈에 띈다. 선뜻 하나를 선택하지 못하고 갈팡질팡하다 보면 어느새 마지막 고랑에 이르게 된다. 그제야 비로소 '아까 마음에 드는 걸 그냥 가지고 나올걸' 하는 마음 때문에 속이 상한 채 고랑 끝에서 어쩔 수 없이 남은 것을 따가지고 나오게 되기 때문이다.

◇◇◇◇◇

우리네 삶은 선택의 연속입니다. 선택은 인간에게 주어진 절대적인 권리입니다. 인간이 교육을 받는 이유도 올바른 선택을 할 수 있는 분별력과 그 선택에 대한 책임을 배우기 위해서입니다. 그래서 선택은 지극히 독립적인 권리입니다.

오늘의 내 모습은 과거의 내가 선택한 결과이며, 오늘 내가 선택하는 일이 내일의 내 모습을 결정합니다. 나에게 많은 선택의 기회가 있다는 것은 나의 미래에 가능성이 열려 있다는 뜻입니다. 그러나 선택의 기회가 주어졌다고 해도 옳은 선택을 할 수 있는 능력이 없다면 오히려 선택의 기회는 혼란만 키울 뿐입니다.

　현명한 선택을 하기 위해서는 올바른 선택의 기준이 있어야 합니다. 우선 선택의 목표가 분명해야 합니다. 그리고 과거를 분석하고 현재를 파악하여 미래를 예측해야 합니다. 어떤 행동을 할 것인지 고민하기보다 어떤 결과가 올 것인가를 보아야 합니다. 또한 선택의 우선순위를 정해야 합니다. 순서는 선택한 일을 이루는 매뉴얼이 되기 때문입니다. 그리고 최악의 상황을 상정해야 합니다. 마지막으로 주위의 전문가에게 물어보아야 합니다. 선택이 독단적이거나 시대와 동떨어진 공상은 아닌지 진단받아야 합니다.

　고대 그리스의 철학자인 헤라클레이토스는 "가장 훌륭한 사람은 모든 것을 버리고 그중에 단 하나를 선택한다"라고 했습니다. 선택을 위해서는 버릴 줄도 알아야 합니다. 더 나은 마음만이 더 나은 것을 선택할 수 있습니다. 더 나은 마음이란 자신의 장점을 크게 보고, 단점을 감싸 안는 것입니다.

　우리는 매 순간 선택의 기로에 서 있습니다. 그것은 위기일 수도 있고 기회일 수도 있습니다. 그 순간 자기 자신을 잘 알아차리고 자신이 가진 다른 것을 버릴 줄 알면, 충분히 더 나은 선택을 할 수 있습니다.

내 안에
젖소도
있고
돼지도
있다

어느 날 돼지가 젖소에게 화를 내며 물었다.

"어째서 사람들은 소를 착한 것에 비유하고, 우리는 욕심쟁이에 비유하는지 화가 나서 못 견디겠소. 당신들은 사람들에게 우유와 버터를 주지만 우리도 햄과 베이컨을 주지 않소?"

그러자 젖소가 눈을 껌벅이며 말했다.

"글쎄, 잘 모르겠지만 우리는 살아 있는 동안 우유와 버터를 주는데 당신들은 죽고 난 후에야 햄과 베이컨을 주기 때문이 아닐까? 당신들은 살아 있을 때는 자신만을 위해 먹고 더 달라고만 하면서 무엇 하나 주는 것은 없지 않은가?"

'왜 소유해야 하는가'에 대한 철학이 없으면 많이 소유할 수록 근심이 늘어나는 법입니다. 지금 일을 하는 이유는 소유하기 위함이 아니라 누리기 위한 것이며, 그 성과를 이웃과 함께 누린다면 그보다 더 큰 기쁨은 없을 것입니다. 성공은 함께 누릴 때 의미가 있습니다.

사회심리학자 에리히 프롬은 《소유냐 존재냐》에서 "삶은 소유하는 것이 아니라 존재하는 것이다. 행복은 점유하는 것이 아니라 공유하는 것이다"라고 했습니다. 세상에는 가질 수 없는 것이 너무 많고, 사람의 욕망은 너무도 커서 채울 수 없습니다. 더 많이 소유하고, 더 멋대로 행동하며, 쾌락을 극대화하는 것이 행복은 아닙니다.

스스로 풍요롭게 존재하는 것을 목표로 삼을 때 행복은 찾아옵니다. 풍요로운 삶은 이웃과 어떻게 나누고 소통하느냐에 달렸습니다. 소유에 대한 욕망의 고리에 매인 사람이 부어도 부어도 채워지지 않는 구멍 난 그릇이라면, 나눔을 실천하는 사람은 채울수록 커져서 결코 가득 차지 않는 그릇과 같습니다. 무엇에도 집착하지 않으며 어디에도 얽매이지 않고 어떤 일이든 능동적으로 하는 사람이 행복한 사람입니다.

　근심은 집착에서 시작되고 기쁨은 나눔에서 시작됩니다. 지켜보는 사람이나 알아주는 사람이 없어도 내 안에 나눔에 대한 생각이 있다면 그는 행복한 사람입니다. 이웃이 무엇을 필요로 하는지를 직감적으로 아는 사람이라면, 스치는 바람의 감미로움에도 행복을 느낄 수 있습니다. 그런 사람이 바로 자연이 주는 축복을 누리며 풍성한 삶을 살아가는 사람입니다. 우리 안에는 젖소도 있고 돼지도 있습니다. 돼지가 될 것인가, 젖소가 될 것인가는 우리의 선택에 달렸습니다.

자족
하는
법

　사막 한가운데 있는 오아시스에 작은 오두막집을 짓고 사는
노인이 있었다. 그곳에는 우거진 야자수 사이로 맑은 물이 솟아
나는 옹달샘이 있었다. 노인은 가끔 그곳을 지나가는 나그네들
에게 시원한 샘물을 퍼주는 것에 기쁨과 보람을 느끼며 살았다.
　그런데 언제부터인가 물을 얻어먹은 나그네들이 노인에게
몇 푼의 동전을 건네주기 시작했다. 노인은 처음에는 이 일을
대수롭지 않게 여겼으나 동전이 쌓여가자 욕심도 함께 자라나
기 시작했다. 얼마 후 노인은 점점 돈 모으는 일에 집착하게 되
었다. 그러면서 옹달샘을 관리하는 일에도 신경을 쓰기 시작했
다. 나중에는 나그네에게 노골적으로 돈을 요구하는 일도 심심
치 않게 벌어졌다.

노인은 어떻게 하면 더 많은 돈을 벌 수 있을까 궁리했다. 옹달샘에서 물이 더 많이 솟아나면 더 많은 돈을 벌 수 있을 것 같았다. 순간 옹달샘 주변에서 샘물을 흡수하고 있는 무성한 야자수가 눈에 거슬렸다. 이에 노인은 당장 창고에서 도끼를 들고 나와 야자수를 몽땅 잘라버렸다.

그런데 노인의 예상과 달리 야자수가 잘린 후부터 샘물이 늘어나기는커녕 점점 줄어들기 시작했다. 얼마 후 샘물은 바짝 말라버리고 말았다. 게다가 야자수가 만들어내던 그늘도 사라졌다. 이제 사막 가운데 있는 노인의 오두막집에는 더 이상 아무도 찾아오는 이가 없게 되었다.

◇◇◇◇◇

절제 없는 욕심은 죽음을 부릅니다. 욕심에 눈이 어두워지면 무엇이 진정한 행복인지 구분하지 못합니다. 지금 함께하는 사람들, 지금 누리고 있는 환경의 고마움을 모르면 어느 날 갑자기 만나는 소나기에도 불행을 느낄 것입니다.

자족(自足)은 스스로 필요한 것을 충족함으로써 만족을 느낀다는 뜻입니다. 부자라도 죽을 때 가져갈 것이 없고, 가난해도 죽을 때 모자란 것이 없음을 아는 것이 자족입니다.

부자가 되는 법보다는 자족하는 법을 배우는 것이 더 행복한 인생을 살아가는 방법입니다.

자족하는 법을 배우면 걱정의 크기도 줄어듭니다. 다른 사람이 가진 것을 부러워하지 않고 다른 사람과 비교하지 않으면 자족할 수 있습니다. 상대의 속도에 내 속력을 견주지 않으면 자족할 수 있습니다.

자족은 현재의 삶에 만족하고, 미래의 일에 대한 걱정을 내려놓는 비결입니다. 남보다 더 앞서 가려 하고, 남보다 더 가지려고 하고, 남보다 더 나아지기를 소망하는 사람은 당장 목이 마르다고 바닷물을 마시려고 하는 사람과 같습니다. 바닷물을 마실수록 목이 더 타는 것처럼 다른 사람들과 비교하면 비교할수록 자신은 더욱 비참해질 뿐입니다. 스스로 만족하면 자신을 옥죄는 상대적 박탈감이라는 감옥에서 벗어날 수 있습니다.

어떤 사람은 자족이 환경에 따라 영향을 받는다고 여기고 끊임없이 환경을 개선하려고 들기도 하고, 또 어떤 사람은 수양을 통하여 자족을 얻으려고 여러 가지 훈련을 하기도 합니다. 그러나 궁극적인 자족은 환경을 개선하거나 수련을 통하여 이룰 수 있는 것이 아닙니다. 자족은 자신의 삶을 소중히 바라보는 것에서 시작됩니다. 자신을 지배하고 있는 자격지심, 무기력, 원망 같은 부정적인 생각을 벗어버리고, 자기 자신에 대한 존재감을 높이면 비로소 자족하는 삶을 살 수 있습니다.

내려
놓으
십시오

　독일의 철혈재상이었던 비스마르크와 황제 빌헬름 1세는 소문난 단짝이었다. 독일이 통일을 할 수 있었던 이유도 비스마르크라는 훌륭한 재상뿐만 아니라 도량이 넓은 빌헬름 1세가 있었기 때문이었다.

　빌헬름 1세는 궁에 돌아오면 종종 화를 내며 닥치는 대로 물건을 집어던지고 찻잔을 깨뜨렸다. 한번은 아주 진귀한 그릇을 던져 깨뜨리자 황후가 말했다.

　"당신, 또 비스마르크라는 늙은이한테 욕을 먹었군요?"

　"그렇소."

　황후가 다시 물었다.

　"당신은 왜 늘 그에게 욕을 먹으면서 참기만 하는 거예요?"

빌헬름 1세는 황후를 쳐다보며 대답했다.

"당신은 이해 못할 거요. 그 사람은 재상으로 일인지하 만인지상에 있으니 자기 아래에 있는 많은 사람들의 욕을 다 먹어야 하오. 그가 그렇게 욕을 먹고 나면 어디다 풀겠소? 나한테 풀수밖에 없지 않겠소. 그럼 황제인 나는 어디다 풀겠소? 그러니내가 접시를 내던질 수밖에."

◇◇◇◇◇

공자는 "노여움을 남에게 옮기지 않고, 같은 잘못을 저지르지 않는다(不遷怒 不貳過)"라고 했습니다. 지도자는 일이 못마땅하다고 해서 짜증이나 분노를 아래로 내리지 않으며, 오히려 아래에서 치고 올라오는 분노를 끌어안는 사람입니다. 그러나 지도자도 사람이기에 스트레스를 풀어야합니다.

다음은 미국 보건부에서 제시한 '스트레스 해소를 위한 10가지 방법'입니다.

① 아침을 여유 있게 시작한다. ② 일의 우선순위를 정하고 급한 일부터 처리한다. ③ 일을 완전무결하게 처리할 생각을 하지 않는다. ④ 휴식시간에는 온전히 쉰다. ⑤ 건강한

생활의 3대 원칙인 충분한 수면, 규칙적인 운동, 균형 잡힌 식사를 생활화한다. ⑥ 억울하고 불쾌한 감정은 낮은 목소리로라도 반드시 표현한다. ⑦ 서로를 격려하는 친구를 만나거나 모임을 갖는다. ⑧ 일감을 절대로 집으로 가져오지 않는다. ⑨ 중요한 약속이나 일 등은 반드시 수첩에 기록해 놓는다. 빗나간 약속들이 나중에 큰 스트레스를 줄 수 있다. ⑩ 커피나 청량음료를 피하고 물과 주스를 마신다.

그러나 무엇보다도 스트레스를 받지 않기 위해서는 단순하고 정직하게 살아야 합니다. 사람은 거짓말과 변명을 할 때 가장 큰 스트레스를 받기 때문입니다.

한 남자가 스승에게 물었습니다. "스트레스가 너무 심합니다. 행복해지는 방법을 알려주십시오." 그러자 스승은 아무 말 없이 자신의 가방을 남자에게 건네주며 잠깐 들어달라고 했습니다. 남자가 가방을 메고 서 있는 동안 스승은 마당을 쓸고, 꽃들을 돌보았습니다. 그렇게 30분쯤 지나자 남자는 슬슬 어깨가 쑤셔왔습니다. 그 뒤로도 스승은 남자를 본체만체하고 이런저런 볼일을 보았습니다. 한 시간 뒤 남자는 더 이상 참지 못하고 스승에게 물었습니다. "스승님, 언제까지 이 가방을 들고 있어야 합니까?" 그러자 스승이 빙그레 웃으며 대답했습니다. "무거우면 내려놓을 것이지

지금까지 들고 있었나?" 스승의 한마디에 남자는 큰 깨달음을 얻었다고 합니다.

내려놓으면 자유로워집니다. 들고 있는 것, 짊어지고 있는 것, 머리에 이고 있는 것들을 잠시 내려놓으십시오.

생각,
자신과
나누는
대화

한 여인이 병원에 와서 자신의 배 속에 있는 개구리를 꺼내
달라고 했다. 의사가 자초지종을 묻자 그녀가 말했다.

"몇 달 전에 산에서 길을 잃고 헤매다 너무 목이 말라서 웅덩
이에 고인 물을 손으로 옮겨 마셨는데, 마시고 나서 보니 웅덩
이에서 올챙이들이 헤엄치고 있었어요. 그런데 요즘 복통이 심
해져서 생각해보니 그때 몸속으로 들어간 올챙이가 개구리가
되어 몸 안을 돌아다니고 있는 것 같아요."

의사는 여인의 설명이 말도 안 되는 이야기였기에 설명을 하
고 엑스레이를 찍어서 보여주기도 했지만 소용이 없었다. 결국
의사는 수술을 하는 척하면서 미리 준비한 개구리를 한 마리 보
여주며 이제 개구리를 꺼냈으니 걱정하지 말라고 그녀를 안심

시켰다. 그러자 여인은 배가 시원해졌다고 하며 돌아갔다.

그런데 몇 달 후 여인이 배가 아프다며 병원을 다시 찾아와 개구리를 꺼내달라고 호소했다.

"지난번에 수술을 해서 개구리를 꺼낸 것을 보지 않았습니까?"

의사의 물음에 여인이 다급하게 대꾸했다.

"그때 수술을 해서 개구리는 꺼냈지만, 그 개구리가 낳은 알이 부화해서 지금 올챙이들이 몸 안에서 돌아다니고 있단 말이에요."

◇◇◇◇◇

몸은 생각의 지배를 받습니다. 어떤 생각을 품느냐에 따라 그 사람의 인격이 결정됩니다. 생각은 자기 자신과 나누는 대화입니다. 내 생각의 파트너는 자아입니다. 그러므로 건강한 자아는 건강한 생각을 품고, 병든 자아는 병든 생각을 할 수밖에 없습니다.

어떤 사람을 미워하는 것은 그에게 미움의 요소가 있어서가 아니라 자아가 그를 품을 만한 크기가 안 되기 때문입니다. 미움을 받아야 할 요소만 가지고 있는 사람은 없습니다. 사랑과 미움은 내 자아의 문제이지 외부의 문제가 아닙니다.

내 마음을 찌르는 것은 다른 사람이 손에 들고 있는 송곳이 아니라 내가 품고 있는 생각입니다. 행복한 생각을 하면 행복해지고 비참한 생각을 하면 비참해집니다. 무서운 생각을 하면 무서워질 것이며, 병적인 생각을 하면 병이 들 것입니다. 자기연민에 빠져 있으면 다른 사람을 받아들이지 못할 것이며, 실패할 거라고 생각하면 결국 실패할 것입니다.

로마제국을 다스렸던 위대한 황제이자 철학자인 마르쿠스 아우렐리우스는 "우리의 인생은 우리의 생각이 만드는 것이다"라고 했습니다. 또한 프랑스의 시인 폴 발레리는 "생각하는 대로 살지 않으면 사는 대로 생각할 것이다"라고 했습니다. 생각을 바꾸면 삶을 바꿀 수 있습니다. 건강한 생각, 긍정적인 사고는 지금보다 훨씬 나은 삶을 살게 하는 원동력입니다.

당신의
절대
가치는
무엇
입니까

　인도의 어느 왕국에 아름다운 왕비가 있었다. 그런데 왕비는 왕과 결혼한 지 일 년 만에 병으로 세상을 떠나고 말았다. 왕은 깊은 슬픔에 잠겨 어쩔 줄을 몰랐다. 며칠 뒤 왕은 왕비의 무덤을 만들라고 명령했다. 무덤이 완성된 후 왕은 왕비의 무덤을 둘러보았다. 왕의 눈에 왕비의 무덤이 너무 쓸쓸해 보였다. 그는 신하들에게 자신을 상징하는 미남의 조각을 새겨 무덤 동편에 세워두도록 했다. 비록 무덤가에 있지 못할지라도 자기를 닮은 동상이라도 두어 왕비의 영혼을 위로하고 싶었던 것이다. 일 년 뒤 왕은 무덤 앞에 재력을 상징하는 호화로운 집을 짓게 했고, 다시 일 년 뒤에는 무덤 북편에 권력을 상징하는 훌륭한 성곽을 세웠다.

그 후 몇 년이 지난 뒤 왕은 왕비의 능이 있는 동산에 올라 아래를 내려다보았다. 참으로 근사하기 이를 데 없었다. 동쪽엔 미남 조각이 서 있었고, 호화로운 궁전에 훌륭한 성곽까지 조화롭게 지어져 있어 더할 나위 없이 아름답고 훌륭해 보였다. 왕은 매우 흡족한 마음으로 왕비의 능을 감상했다. 그런데 자세히 보니 다른 것은 전부 화려하고 근사한데 단 하나가 이 아름다운 조화를 깨뜨리고 있었다. 그것만 없다면 이 능은 완벽할 것 같았다. 이에 왕은 서둘러 신하들에게 명령했다.

"저 가운데 있는 무덤을 다른 곳으로 옮겨라."

왕이 말한 무덤은 바로 왕비의 무덤이었다.

◇◇◇◇◇

가치는 변화합니다. 예전에는 소중히 여겼던 것이 시간이 지나면서 하찮게 느껴지기도 합니다. 진북을 가리키기 위해 나침판의 바늘이 미세하게 떨리는 것처럼 우리가 추구하는 가치도 더 나은 것을 찾아 움직이기 때문입니다. 자신이 지향하는 가치는 동기를 부여하고, 동력을 제공합니다. 그리고 선택을 충동질합니다. 그뿐이 아닙니다. 가치는 불완전한 것을 완성시키고, 내면에 감추어진 가능성을 끌어내며, 둘 중 하나를 선택하게 하고, 주변부에서 중심부로 진입하게 합니다. 그래서 가치는 늘 매력이 있습니다.

그러나 가치는 영원히 존재하는 것이 아닙니다. 하나의 가치는 다른 가치를 만나면 좀 더 나은 쪽으로 가기 위해 흔들립니다. 그 판단의 중심에는 내가 있습니다. 그래서 가치의 판단은 지극히 주관적입니다. 그러나 주관이 너무 강하면 독선이 되기 쉽고, 독선에 묶인 가치는 추락하고 맙니다.

그러면 우리는 어떤 가치를 추구해야 할까요? 공동체가 지향하는 가치를 보편적 가치라고 칭한다면 시간과 공간을 초월한 더 나은 가치를 절대 가치라고 합니다. 촛불이 바람에 흔들려도 불길은 항상 위로 향하듯이 절대 가치는 더 나은 삶을 지향합니다. 주관적 가치 또한 공동체가 지향하는 보편적 가치와 만나게 되면 더 나은 삶의 동력을 얻게 됩니다. 그리고 시공을 초월해서 지향하는 보편적 가치를 절대 가치라고 부릅니다.

인류의 스승들은 시공을 초월한 절대 가치에 대해 설파했습니다. 인간에게 있어서 절대 가치는 생명입니다, 평화입니다, 행복입니다, 거룩함입니다, 조화입니다. 이 절대 가치가 내 삶의 가치로 전이될 때 우리의 삶은 한결 부드러워지고 넉넉해집니다. 내가 이 일을 함으로써 평화를 이루고 있는가 하고 물을 때 내 삶의 방향이 보이고, 누구를 위한 행복인가를 물을 때 일을 하는 이유를 깨닫게 됩니다. 내가 추구하는 가치가 절대 가치로 접근해갈 때 내 삶은 한결 풍요롭고 아름다워집니다.

답은
문제
안에
있다

대학교 수학과 수업에서 있었던 일이다. 교수는 강의실에 들어오자마자 칠판에 '2, 4, 8'이라고 적은 뒤 학생들에게 물었다.

"이것의 답은 무엇일까요?"

학생들은 앞다투어 손을 들고 말했다.

"14입니다. 앞에서부터 더했습니다."

"제가 보기엔 수열 같습니다. 다음에 올 수를 맞추어야 하는데, 그러므로 답은 16입니다."

"수열에 곱하기를 응용한 문제 같습니다. 64가 답입니다."

모든 학생의 답을 들은 뒤 교수가 입을 열었다.

"모두들 답을 찾는 데만 열심이군. 그런데 자네들은 가장 중요한 것을 잊고 있네. 어째서 문제가 무엇이냐고 묻는 사람이

한 명도 없는 것인가? 문제를 모르는데 어떻게 답을 찾을 수가 있겠나?"

⬦⬦⬦⬦⬦

지금 마음 한편이 답답하다면 문제를 모른 채 답을 찾기 때문입니다. 답을 모르면 절망할 수밖에 없습니다. 그러나 문제를 모르니 답을 찾을 수 없습니다. 답을 알고 싶다면 먼저 문제가 무엇인지를 알아야 합니다. 문제 안에 이유가 있기 때문입니다. 이유를 알면 방법이 보입니다.

산에서 길을 잃었다면 산 속으로 들어갈 것이 아니라 산 위로 올라가 전체를 내려다보아야 합니다. 전체는 밖에 있는 것이 아니라 내 안에 있습니다. 아직도 내가 원하는 것이 무엇인지 찾지 못했다면 문제는 밖에 있는 것이 아니라 내 안에 있을 것입니다. 무엇이 문제인지 알기 위해서는 자신에 대한 성찰이 필요합니다. 자신이 정말로 원하는 것이 무엇인지, 무엇을 위해 살아야 하는지를 알면 무엇을 해야 할지 보입니다.

성공적인 직장생활, 부, 행복한 인간관계… 모두가 중요하게 생각하는 인생의 요소들입니다. 그러나 그런 것들이 나한테 왜 필요한지 아는 것이 중요합니다. 지금 무엇을 위해 노력하고 있고, 왜 그것을 얻어야 하는지, 그 이유에 대해 진지하게 생각해보아야 합니다.

현재 문제에 봉착했다면 그것은 축복입니다. 변화의 문고리를 잡은 것이기 때문입니다. 이제 문제의 이유를 물어야 합니다. 이유에 대해 깊이 성찰하면 여러 가지 방법이 보입니다. 그중 더 나은 것을 선택해야 합니다. 인류의 진보도 문제로부터 시작되었습니다. 내 삶의 변화도 문제를 아는 것으로부터 시작됩니다.

달걀을
깨뜨리는
두 가지
방법

　지옥의 형편을 돌아보던 천사가 한 사내의 애처로운 부르짖음을 들었다. 지옥에서 고통을 받는 사내를 불쌍하게 여긴 천사는 사내가 세상에서 어떻게 살았는지 기록을 살펴보았다. 사내는 평생 동안 절도와 사기, 강도, 방화 등 온갖 나쁜 짓만 일삼던 추악한 죄인이었다. 용서받을 만한 착한 일과는 도무지 거리가 멀었다.

　천사는 그 와중에서 사내가 살면서 딱 한 번 한 착한 일을 찾아냈다. 길바닥에 기어가는 거미 한 마리를 발견하고 거미를 밟아 죽이려다가 문득 가련한 생각이 들어 거미를 죽이지 않고 살려준 일이 있었던 것이다. 천사는 사내의 영혼에서 생명의 가치에 대한 작은 씨앗을 발견했다.

천사는 사내를 도와주기로 결심했다. 때마침 천국의 아침 햇살에 영롱하게 이슬이 맺힌 은빛 거미줄 위로 거미 한 마리가 기어가고 있었다. 천사는 슬그머니 거미를 잡아 지옥 밑바닥으로 던졌다. 거미는 줄을 뽑아내며 천국으로 기어 올라왔다. 지옥의 뜨거운 불 속에서 지칠 대로 지쳐 있던 사내는 천국으로 이어진 빛나는 거미줄을 보았다.

사내는 거미줄을 타고 천국으로 올라가기 시작했다. 혹시라도 줄이 끊어질까 조마조마한 마음에 땀을 뻘뻘 흘리면서 거미줄을 기어올랐다. 한참을 오르던 사내가 밑을 내려다보았더니 자기 혼자 오르고 있는 줄 알았던 거미줄에 수십 명이 줄줄 따라 오르고 있었다. 순간 사내의 마음에 불안감이 스쳐갔다.

'이렇게 가느다란 거미줄에 저렇게 많이 매달려 있으면 곧 끊어질 거야. 거미줄이 끊어지면 나도 다시 지옥으로 떨어지겠는걸.'

사내는 거미줄을 타고 오르는 사람들을 내려다보며 소리를 질렀다.

"야! 이놈들아! 어서 썩 떨어져, 떨어지란 말이야! 이 거미줄은 내 거란 말이야. 누구 허락을 받고 올라오는 거야."

사내가 핏대를 올리며 소리를 지르는 그 순간, 거미줄이 뚝 끊어져버렸다.

인색해서 죄인이 아니라 죄인이어서 인색한 것입니다. 악인이 자기 품성을 개조하지 않으면 무엇을 해도 악한 일이 됩니다. 달걀을 깨뜨리는 방법은 두 가지입니다. 밖에서 깨뜨리든지 안에서 깨고 나오든지. 밖에서 깨뜨린 달걀은 프라이가 되지만 안에서 깨고 나오면 병아리가 됩니다. 악한 품성은 외부의 노력으로 변화되지 않습니다. 교육을 통해 어떤 사람이 바뀌었다고 말한다면 그것은 태도가 잠깐 변했을 뿐입니다.

품성은 내적 성찰 없이 변하지 않습니다. 교육은 자기 성찰의 도구일 뿐입니다. 내적 성찰이 없는 교육은 세련된 기술자를 만들어낼 뿐입니다. 인성은 단순한 교육으로 바뀌지 않습니다. 내적인 성찰을 통하여 성숙되는 것입니다. 스스로를 돌아볼 기회가 없는 교육은 악한 성품을 만드는 데 일조할 뿐입니다. 무엇보다 중요한 사실은 내적 성찰은 그 누구도 대신해줄 수 없다는 점입니다. 자기를 돌아볼 수 있는 존재는 자신뿐입니다.

가짜는
진짜를
미워
합니다

찰리 채플린이 하루는 잠시 머리를 식힐 겸 시골로 여행을 떠났다. 그가 어느 작은 시골 마을을 지날 때였다. 때마침 그곳에서 '채플린 흉내 내기 대회'가 열리고 있었다.

현수막을 보고 흥미를 느낀 채플린은 대회를 참관했다. 모두들 진짜 채플린처럼 분장을 하고 채플린 특유의 몸짓과 말투를 흉내 내고 있었다. 그 모습을 바라보던 채플린은 장난기가 발동했다. 그는 자기의 신분을 속이고 대회에 출전했다. 그러고는 자신이 평소에 하던 그대로 연기했다.

심사 결과 놀랍게도 채플린은 1등을 하지 못했다. 그는 겨우 3등을 차지했다. 그 대회에는 진짜 채플린보다 더 실감 나게 연기를 한 가짜 채플린이 두 사람이나 더 있었던 셈이다.

◇◇◇◇◇

세상에는 가짜가 참 많습니다. 그래서 때로는 진짜보다 가짜가 더 진짜 같을 때도 있습니다. 진짜와 가짜의 차이는 무엇일까요? 진짜는 진실을 품고 있습니다. 진짜라고 말하면서 진실을 품고 있지 않다면 그것은 가짜입니다. 그런데 오늘 우리가 사는 사회에는 가짜가 하도 많아서 진짜를 찾기 쉽지 않습니다. 그래도 진짜는 꼭 있습니다.

가짜가 많을수록 진짜의 가치가 더 빛나는 법입니다. 진짜는 진실됩니다. 진짜는 다른 것을 용납하지 않습니다. 진짜는 비교하지 않습니다. 가짜는 진짜를 미워하지만 진짜는 가짜를 긍휼히 여깁니다. 수필가 황태영은 그의 에세이 《풀이 받은 상처는 향기가 된다》에서 진짜와 가짜의 차이를 노래했습니다.

진짜 향나무와 가짜 향나무의 차이는
도끼에 찍히는 순간 나타난다.
평소 겉모습은 같아 보이지만 고통과 고난이 닥치면
진짜는 향기를 내뿜지만 가짜는 비명만 지르고 만다.

사람도 마찬가지다.

재물의 크기가 아니라

내뿜는 향기와 비명에 따라 그 품격이 결정된다.


내가 세상을 향해 매연을 뿜어내면

남들만 상처받는 것이 아니라 내 호흡기도 해를 입게 된다.

결국은 그 독기가 나에게 되돌아오게 되는 것이다.

상처와 분노를 향기로 내뿜어야 나도 향기로워질 수 있다.

깊은 향, 아름다운 세상은 그렇게 함께 만들어 가는 것이다.


당신은 향기를 품는 진짜가 될 것입니까, 비명을 지르는

가짜가 될 것입니까?

분노의
불을
꺼라

　한 남자가 수도원에 입소했다. 그는 수행을 하는 도중에도 사회에서 당했던 억울한 일이 떠올랐고, 자신에게 불의를 행한 사람이 도무지 용서가 되지 않았다. 도저히 견딜 수 없던 그는 원장 수사를 찾아가 상담을 했다. 그러자 원장 수사는 그에게 공포탄이 장전된 권총을 주면서 말했다.

　"분한 마음이 일어날 때마다 하늘에 대고 한 발씩 쏘십시오."

　원장 수사의 말대로 하니 한동안은 마음이 진정되기 시작했다. 얼마 후 공포탄이 떨어지자 그는 다시 원장 수사를 찾으러 갔다가 뒷산에서 원장 수사를 발견했다. 원장 수사를 본 그는 까무러치고 말았다. 원장 수사는 하늘에 기관총을 쏘아대고 있었다.

◇◇◇◇◇

누구나 마음속에 분노가 있습니다. 분노는 인간의 본성이기 때문입니다. 분노는 다섯 가지로 나눌 수 있습니다.

첫째는 가벼운 '짜증(Irritation)'입니다. 이것은 불쾌감을 느끼는 정도로 스스로에게나 다른 사람에게 별다른 해를 끼치지 않습니다. 둘째는 '분개(Indignation)'입니다. 분개는 자신이 당한 것에 대해 상대를 용서하지 못하고 앙갚음을 하려고 하는 단계이지만, 대개의 경우 겉으로 드러내지 않고 잘 극복해냅니다. 셋째는 '격분(Wrath)'입니다. 사람이 격분의 단계에 이르면 보복하려는 강한 욕구가 생깁니다. 격분은 당한 대로 갚지 않으면 쌓이게 됩니다. 그야말로 어떤 형태로든 풀어야 합니다. 넷째는 '격노(Fury)'입니다. 사람이 격노(激怒)하게 되면 자신의 감정을 통제하지 못하고 급기야 화를 폭발하게 됩니다. 다섯째는 '광분(Rage)'입니다. 가장 위험한 분노로서 매우 파괴적이고 치명적인 결과를 일으킵니다.

이러한 분노는 영혼을 죽이는 독약이 됩니다. 분노를 어떻게 푸는지를 보면 그 사람의 인격이 보입니다. 분노를 어떻게 다스리는가가 그 사람의 영성(靈性)을 나타냅니다. 분노는 쓰레기와 같아서 분노를 풀지 못하고 쌓아만 두면 언젠가는 썩어서 악취를 풍기게 됩니다.

분노를 이기기 위해서는 먼저 마음을 다스려야 합니다. 다음의 다섯 가지 방법을 사용해보십시오. ① 차분히 심호흡하라. ② '분노를 이겨내야 한다'고 스스로에게 타일러라. ③ 분노의 이유와 원인을 파악하라. ④ 생각의 전환점을 마련하라. ⑤ 신뢰할 만한 누군가를 찾아가 솔직하게 털어놓아라.

분노로 해결할 수 있는 것은 없습니다. 분노는 또 다른 분노를 낳을 뿐입니다. 한 사람의 분노는 다른 사람의 분노를 불러일으키는, 악순환의 고리를 가지고 있기 때문입니다.

듣고
싶은
소리만
듣습니다

노부부가 결혼 50주년을 맞이하여 큰 잔치를 벌였다. 손님들
이 모두 돌아가고 난 뒤 부부는 녹초가 되어 방으로 돌아왔다.
남편이 아내에게 소감을 말했다.

"여보, 온종일 수고 많았소! 그동안 나와 함께해준 당신이 참
자랑스럽소! 고맙소, 여보!"

듣고 있던 아내가 대답했다.

"뭐라고요? 당신도 잘 알잖아요. 난 보청기 없이는 무슨 얘
기를 하는지 못 알아들어요!"

그러자 남편은 아내의 귀에 바짝 대고 큰 소리로 외쳤다.

"당신이 항상 고맙고 자랑스럽다고 했소!"

남편의 말을 들은 아내가 중얼거렸다.

"그래요, 나도 이젠 당신한테 신물이 나요!"

◇◇◇◇◇

　세상에는 자신이 보고 싶은 것만 보고, 듣고 싶은 말만 듣는 사람들이 많습니다. 같은 물건을 두고 사진을 찍어도 같은 그림이 나오지 않는 까닭은 사진사의 마음에 이미 찍힌 사진이 있기 때문입니다. 사진사가 자기 앵글에 비친 피사체를 향해 셔터를 누르듯이 사람들은 자기 마음에 드는 것만을 보고 듣고 판단합니다. 사진사는 찍힌 사진을 단순히 보여주는 데 그치지만 사람들은 사진을 자기 맘대로 해석하려고 든다는 점이 다릅니다.

　같은 자리에서 같은 말을 들어도 다르게 해석하는 까닭 역시 자기가 듣고 싶은 말만 듣기 때문입니다. 마음속에 듣고 싶은 말이 있다면 그 소리는 더 크게 들립니다. 밖을 보기 전에, 바깥의 소리를 듣기 전에 내 마음속에서 무엇을 그리고 있는지, 내 안에서 무슨 소리를 지르고 있는지를 먼저 살펴보아야 합니다. 자신의 내면을 살피지 않으면 마음속에 그려놓은 왜곡된 현실을 만나게 될 뿐입니다. 그렇게 마주하게 되는 왜곡된 현실은 또 하나의 왜곡된 자아를 만듭니다.

　사람 사이에 원활한 소통이 안 되는 이유는 같은 이야기를 하면서도 각자 마음속에 다른 것을 담고 있기 때문입니다. 말하는 사람은 오늘 일어난 일을 이야기하는데 듣는 사람은 어제 그가 한 일을 통해 그를 판단하며 이야기를 듣고 있다면 같은 자리에서 다른 시간을 사는 꼴이 됩니다. 진심으로 소통하기를 원하면 먼저 과거의 경험으로 마음속에 만들어놓은 옛 사람을 버려야 합니다. 그렇지 않으면 몸은 오늘의 사람을 만나지만 마음은 경험이 만들어놓은 옛 사람의 이야기를 듣게 됩니다.

　지금 보이는 대로 보고, 지금 들리는 대로 들을 수 있는 마음이 맑은 마음입니다. 눈앞에 보이는 그대로를 볼 수 있는 눈이 뜨이고, 들은 대로 들을 수 있는 귀가 열리면 세상과의 소통이 한결 편안해질 것입니다.

약속은
울타리
입니다

욕심 많은 노인과 마음씨 착한 머슴이 살고 있었다. 머슴은 날마다 동이 트면 땔감을 구하기 위해 산으로 향했다. 어느 날 머슴의 모습을 지켜보던 주인은 엉뚱한 생각이 들었다.

'저 녀석이 산에서 매일 뭘 하는지 모르니 오늘은 뒤를 한번 밟아보아야겠다.'

머슴을 쫓던 주인은 산 중턱쯤 가자 숨도 차고 다리도 아파 더 이상 걸을 수가 없었다. 더 이상은 안 되겠다고 생각하고 발길을 돌리려는데 갑자기 곰 한 마리가 나타났다. 주인은 기겁을 하고 달아나려 했지만 몇 발자국 못 가 넘어지고 말았다. 눈앞에서 하얀 이빨을 드러내며 달려드는 곰을 보는 순간 노인은 빌고 또 빌었다.

'제발 목숨만 건질 수 있게 해주신다면 어떤 욕심도 부리지 않겠습니다.'

그때 돌연 '퍽'하는 소리와 함께 곰이 기우뚱하며 쓰러졌다. 정신을 차리고 보니 언제 달려왔는지 하인이 곰을 도끼로 후려치고 있었다. 잠시 후 곰은 죽고, 머슴은 다리를 절룩거리는 주인을 부축하고 마을로 내려왔다.

며칠 뒤 몸이 회복된 주인은 곰의 가죽을 벗기고, 그 가죽을 가지고 장으로 갔다. 하지만 집으로 돌아온 주인의 얼굴은 그리 밝지 못했다. 주인은 집에 들어서자마자 머슴을 불러 야단을 쳤다.

"이 멍청한 놈아! 도끼 자국 때문에 가죽 값을 채 반도 받지 못하지 않았느냐?"

<><><><><>

"상처가 아물면 그 아픔을 잊는다"는 중국 속담이 있습니다. 뒷간 갈 때 마음 다르고, 나올 때 마음 다르다는 것이지요. 다급할 때 했던 결심도 그 순간이 지나고 나면 언제 그러했느냐는 듯이 바뀝니다. 사람의 욕심은 끝이 없어 종국에는 스스로 한 결심도 배반하게 만듭니다. 선거철이 되면

수많은 공약이 나열되지만 선거가 끝난 후에는 말한 사람도 듣는 사람도 기억하지 않습니다. 그 순간만 모면하면 끝이라고 생각하기 때문입니다. 이익에 눈먼 사람에게 약속은 이익을 얻기 위한 수단일 뿐입니다.

한 심리학자가 울타리에 대해 아이들이 어떻게 반응하는지 실험했습니다. 그는 아이들을 '울타리가 있는 운동장'과 '울타리가 없는 운동장'에서 각각 놀게 했습니다. 아이들은 울타리가 없는 운동장에서는 운동장 중앙에서만 놀았지만 울타리가 있는 운동장에서는 운동장 전체를 다 쓰면서 놀았습니다. 여기서 울타리는 속박이 아니라 안전장치입니다. 어느 정도 울타리가 있을 때 오히려 생활과 인격의 폭이 넓어지고 자유를 누리게 됩니다. 약속도 그와 같습니다. 인격은 약속이라는 울타리 안에 세워집니다. 때로는 약속이 자신을 구속하는 것 같지만 약속을 힘써 지킬 때 오히려 자유와 행복도 커집니다.

친구와의 약속을 어기면 우정에 금이 가고, 자식과의 약속을 어기면 존경이 사라지며, 기업과의 약속을 어기면 거래가 끊어지듯 자신과의 약속을 어기는 것은 스스로 인격을 무너트리는 것과 같습니다. 약속의 울타리는 자신과의 약속을 지키는 기초 위에 든든히 세워집니다.

한마디의
말이
전부를
잃게
한다

조선시대 육곳간에 박만득이라는 백정이 있었다. 어느 날 두 명의 양반이 고기를 사러 왔다. 그중 한 양반이 평소대로 말했다.

"야, 만득아! 고기 한 근 다오."

만득이는 "네" 하며 고기를 한 근 내주었다.

이번에는 옆에 있던 다른 양반이 부드러운 음성으로 말했다.

"박 서방, 고기 한 근 주게."

그런데 언뜻 봐도 고기의 크기가 먼저 산 양반의 것보다 훨씬 더 커 보였다. 똑같이 한 근이라고 말했는데 차이가 많이 나자 앞의 양반이 화를 내며 따졌다.

"이놈아, 같은 한 근인데 내 건 왜 이렇게 적으냐?"

그러자 만득이가 당연하다는 듯 말했다.

"손님 것은 만득이가 자른 것이고, 저 손님 것은 박 서방이 자른 것이기 때문에 그렇지요."

◇◇◇◇◇

무심코 던지는 말 한마디가 누군가의 마음에 살의를 만드는 단초가 되기도 합니다. 말 한마디에 그 사람의 성품이 드러납니다. 수차례의 담금질을 통해 좋은 쇠가 만들어지듯이 좋은 성품은 하루아침에 이루어지지 않습니다. 좋은 성품을 갖기 위해서는 훈련이 필요합니다.

민족성 개조운동의 선각자였던 도산 안창호 선생은 "신념은 기적을 낳고 훈련은 천재를 낳는다"라고 했습니다. 아무리 타고난 재능이 있더라도 훈련이 없다면 빛을 발할 수 없습니다. 타고난 신분이 아무리 고상해도 신분에 걸맞은 훈련이 없다면 그 신분이 부끄러워질 뿐입니다.

좋은 성품도 마찬가지입니다. 좋은 생각이 좋은 말을 낳습니다. 좋은 생각은 사물에 대한 긍정적인 시선으로부터 시작되고, 긍정적인 시선은 진실과 거짓의 경계를 간파할 때 생깁니다.

입은 생각의 지배를 받습니다. 생각 없이 하는 말은 불화를 일으키는 불씨가 되지만, 좋은 말은 사람의 마음을 움직이는 힘을 갖고 있습니다.

초의식을
부르는
힘

사냥꾼이 나뭇가지에 있는 새를 쏘았다. 새는 총알을 맞고 땅으로 떨어졌지만 상처만 조금 났을 뿐 죽지는 않았다. 사냥꾼이 새를 들어 올리자 새가 말했다.

"아저씨, 만일 저를 놓아주시면 성공할 수 있는 지혜 세 가지를 가르쳐드릴게요."

사냥꾼은 그 말을 듣고 새를 놓아주기로 약속했다. 그러자 새가 말을 했다.

"첫째, 남이 하는 말을 그대로 다 믿지 마세요. 한번 살펴보고 우선 시험해보세요. 둘째, 능력 이상의 일을 하려 하지 마세요. 그렇게 되면 실패할 뿐 아니라 다른 사람에게 놀림감이 될 수 있으니까요. 셋째, 실수를 했을 때 너무 슬퍼하고 괴로워하지 마세요. 내일이 있으니까요."

성공의 비결을 들은 사냥꾼은 약속한 대로 새를 놓아주었다. 새는 날개에 힘을 주어 날아올라 맞은편 나뭇가지에 앉은 뒤 사냥꾼에게 말했다.

"아저씨는 바보예요. 저를 놓아주는 실수를 저질렀어요. 저는 값비싼 다이아몬드 하나를 가지고 있거든요. 아마 이것만 있었으면 아저씨는 억만장자가 되고도 남았을 거예요."

이 말을 들은 사냥꾼은 새가 앉아 있는 나무로 달려가서 나뭇가지를 향해 기어오르기 시작했다. 새는 제일 낮은 나뭇가지에 앉아 있었는데 사냥꾼이 가까이 오자 그 다음 윗가지, 그 다음 윗가지로 올라갔다. 사냥꾼은 새가 올라가는 대로 따라 올라갔다.

마침내 나무 끝까지 올라간 사냥꾼은 새를 잡으려고 팔을 뻗다가 가지가 부러지는 바람에 그만 나무에서 떨어지고 말았다. 이 광경을 보고 있던 새가 사냥꾼을 향해 말했다.

"아저씨는 바보예요. 제가 세 가지 지혜를 가르쳐주었는데 몇 분도 지나지 않아서 다 그르치고 말았어요. 첫째, 남이 하는 말을 그대로 다 믿지 말라고 했어요. 제게 다이아몬드가 있다고 한 말을 왜 그대로 믿었지요? 둘째, 능력 이상의 일을 하지 말라고 했지요? 그런데 왜 잡을 수 없는 저를 잡으려고 나무 위를 기어올랐나요? 셋째, 돌이킬 수 없는 일은 더 이상 생각지도 말라고 말씀드렸지요? 그런데 저를 놓아준 다음 왜 다시 저를 잡아 가두려고 했나요?"

◇◇◇◇◇

서점에 가보면 성공을 위한 방법과 비결을 담은 책들이 진열되어 있습니다. 그런데 그 책을 읽어도 성공하는 사람들이 극히 일부인 것은 성공의 비결을 몰라서가 아니라 실천하지 않기 때문입니다. 비결이 효과를 발휘하기 위해서는 비결을 자기 것으로 만들어야 합니다. 그 방법이 묵상입니다. 묵상은 머릿속에 있는 지식의 모종을 마음속 밭으로 옮겨 심는 초의식의 과정입니다.

인간의 뇌는 의식과 무의식 그리고 초의식으로 구분할 수 있습니다. 의식과 무의식이 만나면 무의식이 승리합니다. 의식이 사고의 영향을 받는다면 무의식은 본능의 영향을 받기 때문입니다. 습관은 무의식의 영역에서 나옵니다. 그래서 머릿속으로는 해야 한다고 의식하는데 며칠 못 가서 다시 습관의 관성에 밀리고 마는 것입니다.

이 무의식을 이기는 것이 초의식입니다. 초의식은 뇌에

서 인식한 것을 기쁨으로 받아들이도록 돕기 때문입니다. 이러한 초의식을 불러일으키는 힘이 바로 묵상입니다. 묵상은 내가 알고 있는 것을 내 삶에 어떻게 적용할 수 있을지 풀어가는 과정입니다. 무엇을 왜 해야 하는지 묵상함으로써 지식을 실천으로 옮길 수 있습니다. 많이 안다고 내 것이 되는 것이 아니라 알고 있는 일을 실천할 때 내 것이 되기 때문입니다.

진실은
바닥에
있다

토요일 늦은 저녁이었다. 아주머니가 닭고기를 사기 위해 정육점에 들렀다. 마침 정육점 주인은 하루 일과를 마치고 문 닫을 준비를 하고 있었다. 아주머니는 조심스럽게 정육점 주인에게 말했다.

"아저씨, 죄송합니다만 닭고기가 조금 필요한데 살 수 있을까요?"

정육점 주인은 냉장고로 가서 문을 열어보았다. 다행히 냉장고 안에 닭 한 마리가 남아 있었다. 주인이 닭을 저울 위에 올려놓았더니 3kg이 나왔다. 그러자 아주머니는 그것보다 조금 더 큰 것을 달라고 부탁했다. 주인은 닭을 들고 다시 냉장고로 돌아갔다. 그러고는 냉장고 문을 열고 닭을 집어넣은 다음 다른 닭을 꺼내는 척하면서 똑같은 닭을 다시 꺼냈다. 어차피 닭은 한 마리밖에 남아 있지 않았기 때문이다. 주인은 똑같은 닭을 다시 저울 위에 올려놓으며 손가락으로 저울을 살짝 눌렀다. 이번에는 4kg이 나왔다. 영문을 모르는 아주머니는 그것이 좋겠다고 하면서 고기를 싸달라고 했다. 고기를 산 아주머니는 기쁜 마음으로 문을 나서다가 갑자기 되돌아와서 주인에게 말했다.

"아저씨, 아무래도 이걸로는 조금 부족할 것 같네요. 조금 전에 달았던 것도 마저 싸 주세요."


◇◇◇◇◇


진실은 바닥에 있습니다. 사실이라는 물이 빠지고 바닥이 드러나게 되면 무엇이 진실인지 알게 됩니다. 밖에서 보아서는 깊이를 알 수 없습니다. 진실은 밖에서 보고 판단하는 것보다 훨씬 깊은 곳에 있습니다.

사실은 눈과 귀, 감각으로 확인할 수 있지만, 진실을 확인하기 위해서는 통찰력이 필요합니다. 사실과 진실의 차이는 마치 코끼리를 두고 여러 명의 장님들이 손으로 만져보고 평가하는 것과 같습니다. 코를 만진 장님은 호스 같다고 말하고, 배를 만진 장님은 바람벽 같다고 말하고, 다리를 만

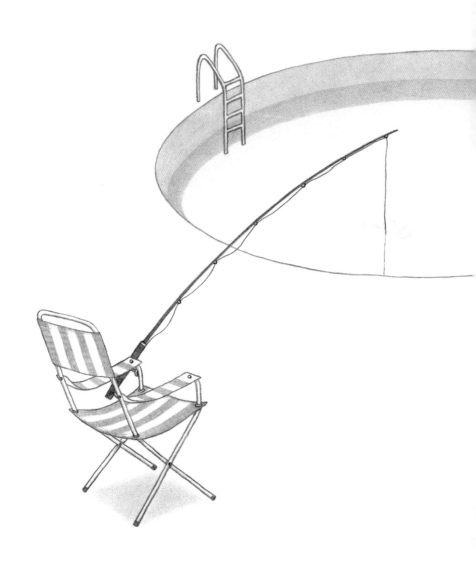

진 장님은 기둥 같다고 말합니다. 그들이 만진 것은 사실입니다. 그러나 진실은 아닙니다. 그들이 판단한 것은 사실이지만 진실은 아닙니다.

사실이 한쪽을 보고 있다면 진실은 전체를 봅니다. 비록 거짓에 가려져 있다 할지라도 진실은 언젠가 드러나게 되어 있습니다. 진실의 가치는 거짓에 기반을 둔 세계가 무너질 때 드러납니다. 자신이 체험한 사실이 사건의 본질이 아닐 수도 있습니다. 자신이 본 사실을 진실이라고 믿어버리는 순간, '오해'의 틈이 생깁니다. 자신이 알고 있는 사실이 진실이라고 믿으면 자칫 다른 사람을 잘못 평가하는 우를 범하게 됩니다.

내가 알고 있는 것이 사실일지는 몰라도 진실은 아닐 수 있다는 가능성을 항상 열어두고 있어야 진실을 만날 수 있습니다.

고독의
거름이
필요할
때

천문학자 요하네스 케플러의 인생은 처음부터 아주 불운했
다. 팔삭둥이로 태어난 그는 선천적으로 몸이 약했기 때문에 평
생을 병상에서 보냈다. 그럼에도 불구하고 열심히 신학을 공부
했고, 코페르니쿠스의 지동설을 통해 자연과학에 흥미를 갖게
되었다.

그는 두 번 결혼했지만 결혼 생활은 성공적이지 못했다. 첫
번째 아내는 심한 잔소리꾼에다 싸움꾼이었고, 두 번째 아내는
남편의 봉급이 적어서 자기가 원하는 장식품을 살 수 없다고 늘
짜증내며 케플러를 괴롭혔다. 이로 인해 그의 허약한 몸은 점점
더 쇠약해졌다. 게다가 근시였던 그는 밤마다 촛불을 너무 가까
이 두고 연구를 하다 눈썹을 자주 태우곤 했다. 그럼에도 불구

하고 그는 유성이나 혹성에 대한 관측을 통해 숫자표를 발견해 냈다. 오직 신앙으로 연단된 강한 정신력으로 육체적인 악조건을 이겨낸 것이다.

그는 자기가 원하는 연구를 계속했고, 그의 연구실에는 산을 이룰 만큼 많은 분량의 관측 실험 종이가 쌓여갔다. 그러나 그의 가정은 늘 불행의 연속이었다. 천연두가 그의 가족을 휩쓸고 지나가는 바람에 아들까지 잃게 되었지만 그는 결코 연구를 중단하지 않았다. 페스트가 유행할 때도 그는 가족과 함께 낡은 망토를 몸에 두르고 피난살이를 하면서 연구를 계속했다. 결국 그는 1천 개 별의 정확한 도표를 완성했다. 이것은 훗날 선원들이 안전하게 항해하는 데 귀중한 지침이 되었다. 또한 그는 현대 천체망원경의 기초가 되는 두 개의 볼록렌즈와 측량용 교차점을 발견했고, 수학에서 미적분의 기초도 세워놓았다.

그의 몸은 병으로 인해 완전히 망가졌지만 그는 죽는 순간까지 연구를 멈추지 않고 인류를 위해 최선을 다하는 삶을 살았다. 결국 병이 악화되어 50세의 나이로 세상을 떠난 그는 싸구려 관에 남루한 옷을 입은 채 매장되었다. 참으로 가난하고 불행한 생애였다. 그러나 그는 일생을 바쳐 이룩한 업적을 통해 후세에게 값진 유산을 남겨주었다.

◇◇◇◇◇

진리를 탐구하는 일에는 때로 고독이라는 거름이 필요합니다. 그래서 선구자들은 돼지처럼 살다가 화려하게 죽기보다는 진리를 위하여 고독하게 살기를 원했습니다. 인류에게 유익을 끼친 선구자 중에 당대에 환영을 받았던 사람은 많지 않습니다. 그들은 앞선 가치를 보았기에 현재에 만족하지 않았고, 현재에 만족하지 못한 그들의 생각은 당대에는 환영을 받지 못했습니다.

진보적 사고를 가진 이들은 한 시대의 다수를 차지한 적이 없고, 수구 또한 진보를 품은 적이 없습니다. 언제나 진보적인 소수의 가치가 시대의 깃발을 앞세워 갔습니다. 역사학자 토인비는 이러한 소수를 일컬어 역사를 이끄는 '창조적 소수'라고 표현했습니다.

지금은 비록 고난과 고통 속에서 눈물로 지낸다 해도 가슴에 품은 아름다운 뜻과 비전이 있다면, 그리고 그것이 고난을 통해서만 이루어질 수 있는 꿈이라면 고통을 있는 그대로 받아들여야 합니다. 그것이 역사를 이끄는 힘이기 때문입니다.

나비가
될
애벌레

할아버지가 등산길에서 삶의 의미를 찾지 못하고 방황하는 소녀를 만났다. 산을 오르던 할아버지는 발걸음을 멈추더니 나뭇잎 하나를 집어 들었다.

"애야, 이걸 좀 봐라. 이 나뭇잎에 무엇이 보이니?"

나뭇잎을 유심히 살피던 소녀가 대답했다.

"애벌레요."

할아버지는 웃으며 말했다.

"이 애벌레는 언젠가는 아름다운 나비가 될 거란다. 자세히 들여다보렴. 이 애벌레가 나비가 될 거라는 표시가 어디 있는지 맞추어보련?"

소녀는 애벌레를 유심히 살펴보았다.

"할아버지, 이게 나비가 될 거라는 표시는 어디에도 없어요."

그러자 할아버지가 소녀의 어깨에 손을 얹으며 다정하게 말했다.

"바로 그거란다! 네 모습에서 네가 앞으로 무엇이 될지 알려주는 표시는 아무것도 없단다. 네가 무엇이 될 수 있을지 아는 사람은 오직 너 자신뿐이란다. 이 애벌레처럼 말이지."

◇◇◇◇◇

"엄마, 내 태몽은 뭐야?" 하고 묻는 자녀에게 태몽을 만들어주십시오. "너는 태몽이 없단다"라는 말로 자존감을 떨어뜨리기보다는, 지금이라도 부모의 기대를 담뿍 실은 태몽을 들려주어 스스로 자존감을 느끼고 자신의 인생에 대해 꿈을 꿀 수 있는 발판을 마련해주십시오. 그 이야기를 왜 지금에야 해주느냐고 물으면 태몽은 물을 때 이야기해야 하는 것이라고 말해주십시오.

태몽은 위인이나 영웅만 꾸는 꿈이 아닙니다. 어쩌면 위인과 영웅의 태몽도 나중에 꾼 것일지도 모릅니다. 꿈꾸는 자를 이길 수 있는 것은 없습니다. 자녀의 꿈은 부모로부터 나옵니다. 미국의 유명한 무정부주의자였던 엠마 골드만은

〈희망을 찾아라〉라는 시에서 다음과 같이 노래했습니다.

희망이 없는가?
소망이 없는가?
꿈이 없는가?
그러면 만들어야 한다.
반드시 만들어야 한다.
꼭 만들어야 한다.
너무 절망스러워
도저히 희망과 소망이 없어 보일지라도
찾아보고
또 찾아야 한다.
그래도 없다면
억지로라도 만들어야 한다.
왜냐하면
더 이상 꿈을 꿀 수 없음은
죽음을 의미하는 것이기 때문이다.

아이에게 꿈을 심어주는 것은 자존감을 높이는 원동력이 되고, 높은 자존감은 삶을 행복으로 이끄는 견인차가 됩니다. 자존감은 자존심과 다릅니다. 자존심은 지키려고 할수록 마음을 예민하고 약하게 만들지만, 자존감은 지키려 노력할수록 마음을 강하고 탄탄하게 만들어줍니다. 자존심은 남과의 경쟁을 치러야 하지만 자존감은 있는 그대로의 실체를 받아들이는 긍정입니다. 자존심은 우월을 통해서 유지되지만 자존감은 자아에 대한 긍정에서 나옵니다. 우리에게 필요한 것은 높은 자존심이 아니라 깊은 자존감입니다.

# PART 03

# 오늘은 내 삶의
# 첫날입니다

_삶의 목표를 잃어버린 당신에게

어디를
향해
달려
가는가

스프링벅은 남아프리카에 주로 서식하고 있는 영양이다. 이
들은 보통 30마리 정도씩 무리 지어 사는데, 건기가 지나고 우
기가 되면 갑자기 한 곳으로 모여 들기 시작해서 한나절이 지나
면 수천 마리가 되는 큰 무리를 이룬다.

이때 그중 우두머리 양이 앞장서서 천천히 걷기 시작하면 다
른 양들은 몸을 맞대고 그 뒤를 따르며 주변에 있는 수풀을 모
조리 먹어치운다. 욕심 많은 영양들은 빨리 앞으로 파고 들어가
풀을 더 먹으려고 하지만, 맹수의 습격이 두려워 결코 대열을
떠나 옆에 있는 풀을 먹으려고 하지 않는다. 영양들은 제각기
자신을 보호하면서 풀을 듬뿍 먹으려고 밀어닥치기 시작한다.

얼마가 지나면 뒤따르는 영양은 앞선 영양을 머리로 떠밀면

서 점점 빠르게 전진하게 된다. 뒤따르는 양들이 떠미는 속도에 우두머리 양은 자연히 뛰게 되고, 우두머리가 뛰니까 뒤따르는 양들도 늦을 새라 더 빨리 뛰어 결국은 모두가 전속력으로 달리게 되는 것이다. 영양 떼들을 풀이 많은 새로운 거주지로 데려갈 예정이었던 우두머리 영양은 이제 그 목표를 완전히 잊어버리고 그저 앞으로만 돌진한다.

모래 먼지를 날리며 질주하던 양떼들은 어느새 사막을 건너 해안까지 이르게 되지만, 우두머리 양은 절벽 앞에 도착해서도 멈출 수가 없다. 뒤에서 밀어닥치는 무서운 힘을 이기지 못하고 내물이 바다로 흘러가듯 영양 떼는 바다 속으로 밀려 들어간다. 얼마 후 해변은 파도에 밀려온 가련한 양들의 시체로 가득해진다.

◇◇◇◇◇

많은 사람들이 인생의 낙오자가 되거나 바깥쪽으로 밀려나서는 안 된다고 생각하고 자신의 안전을 지키기 위해 필사적입니다. 다른 사람을 돌아보기보다는 남보다 뒤지지 않는 좋은 대학, 좋은 차, 좋은 집, 좋은 직장을 가지기 위해 앞만 바라보고 달립니다.

그러다 보니 처음에 세웠던 목표를 잃고 무엇을 향해 사는지 잊어버린 채 허무와 죽음의 길로 열심히 달리고 있습니다. 이 대열에 끼게 되면 멈추고 싶어도 멈출 수 없게 됩니다.

세상에는 세 부류의 사람이 있습니다. 세상을 변화시키는 사람, 변화하는 세상을 따라가는 사람, 그리고 세상의 변화에 무감한 사람입니다. 대다수는 두 번째 부류에 속해 있습니다. 이들은 변화에 적응하기 바빠 자신들이 어느 방향으로 가고 있는지 가늠할 겨를이 없습니다. 전해 들은 새로운 지식을 익히기도 전에 밀어닥치는 정보의 홍수에 치여 새로운 것을 바라볼 여유도 없습니다. 정보가 정확한 사실인지 아닌지를 확인할 시간도 없습니다. 그러니 자연히 많은 사람들이 좋아하는 것과 세상이 인정하는 것을 선택할 수밖에 없습니다.

그들은 많은 사람들이 행동하는 방식이나 많은 사람들이 따르고 있는 생각들을 무심히 따라갑니다. 그렇게 살아온 삶이 맞는 길인지 아닌지는 죽고 난 뒤 후세가 평가할 따름입니다. 사는 동안에는 자신이 어떻게 살고 있는지 돌아볼 기회조차 없기 때문입니다.

당신은 지금 무엇을 향해, 어디로 달려가고 있습니까?

어디를 향해 가는지, 왜 달려가는지 알 수 없게 되었다면 잠깐 대열에서 비켜나보세요. 그러면 내가 서 있는 길이 보입니다.

목표는
속도가
아니라
방향
이다

　허말라야의 고산족들이 양을 매매하는 풍속은 독특하다. 그들은 양을 사고팔 때 양의 크기나 연령에 따라 값을 정하는 것이 아니라 양의 행동에 따라 값을 정한다. 살 사람과 팔 사람이 함께 양을 데리고 가파른 산비탈로 간다. 그리고 양이 어떻게 반응하는지 지켜본다.

　이때 양이 비탈 위로 풀을 뜯으러 올라가면 마른 양이라도 값이 올라가고 비탈 아래로 내려가면 살이 쪘더라도 값이 떨어진다. 위로 올라가려는 양은 당장은 힘이 들더라도 곧 넓은 산허리에 도착해서 풍족한 미래를 맞이하게 되지만, 아래로 내려가는 양은 당장은 수월하지만 협곡 바닥에 이르러서는 굶주려 죽기 때문이다.

◇◇◇◇◇

목표는 속도가 아니라 방향입니다. 어디로 가고 있는지를 보면 그 사람의 삶의 목표를 알 수 있습니다. 사람의 미래를 평가하는 기준은 현재의 배경이나 재산, 지위가 아니라 꿈꾸는 비전과 그것을 이루고자 하는 태도입니다.

목표를 향해 끊임없이 도전하는 사람들의 태도는 강한 성취동기로부터 시작됩니다. 성취동기가 강한 사람은 잘 풀리지 않는 일이나 실패의 경험에 초점을 맞추지 않고 잘 되는 일과 성공에 초점을 맞춥니다. 그들은 어떤 일을 시도하다가 판단에 착오가 생겼다고 진단되면 즉시 방향을 전환합니다. 매사에 실패의 가능성을 열어두어 결과를 겸손하게 받아들입니다.

그들은 자신의 행동과 선택에 대해 전적으로 책임을 집니다. 결코 자신의 실패와 관련하여 다른 사람을 비난하지 않습니다. 그들은 완벽한 것보다는 온전한 것을 추구합니다. 쉽고 편안한 길을 선택하기보다는 어렵지만 바른 길을 선택합니다. 그리고 보다 빨리, 보다 효율적으로 목표를 성취할 방법을 찾기 위해 배우기를 멈추지 않습니다. 목표가 분명하기에 해야 할 일과 하지 말아야 할 일을 구분할 줄 아는 지혜를 갖고 있습니다.

그들에게 장애는 브레이크가 아니라 점프를 위한 도약대입니다. 그들은 다른 사람의 눈치를 보기보다는 자신에게 진실하려고 노력합니다. 그들의 주위에는 자신을 전폭적으로 후원하는, 믿을 수 있고 긍정적인 친구들이 있습니다. 그래서 필요한 것이 있거나 어려움에 처했을 때 언제든지 이들의 도움을 받습니다.

강한 성취동기의 원동력은 남에 의해서 강요되는 것이 아니라 스스로 원하는 바를 이루려고 하는 내적인 욕구입니다. 이러한 내적인 욕구는 삶의 방향을 이끌어가는 나침판이 됩니다.

지금 내 발길은 어디로 향하고 있습니까? 내가 향하고 있는 발길이 바로 나의 내적 욕구의 표현입니다. 오늘 내 눈은 어디를 향하고 있습니까? 그 방향이 내 미래입니다.

가장
좋아하는 일이
가장
좋은 일이다

개 목걸이를 만들어 팔아 근근이 살아가는 노인이 있었다.
노인에게는 개 목걸이를 만드는 일이 평생의 즐거움이었다. 노
인은 개 목걸이를 명품으로 만드는 탁월한 장인이었다. 또한 노
인은 골동품을 수집하는 취미가 있어서 그의 공방에는 그리 비
싸지 않은 골동품들이 많이 놓여 있었다. 어느 날 저녁 노인은
일을 끝낸 뒤 차를 마시며 온종일 쌓인 피곤을 풀기 위해 물을
끓이고 있었다. 그때 한 손님이 들어와 개 목걸이를 고르다 말
고 눈을 반짝이며 물었다.

"어르신! 그 찻잔은 어디서 난 것입니까? 한번 만져볼 수 있
을까요?"

손님은 노인이 들고 있는 찻잔을 유심히 살펴보더니 말했다.

"이 찻잔은 청나라에서 유명한 작가의 작품입니다. 이 찻잔을 꼭 사고 싶습니다. 제게 파십시오."

정든 잔을 팔고 싶지 않았던 노인은 제안을 거절했는데, 손님이 다녀간 뒤로 마을에는 이상한 소문이 돌기 시작했다.

"개 목걸이를 만드는 노인의 공방에 진귀한 물품들이 쌓여 있대!"

이때부터 갑자기 사람들이 노인의 공방을 찾기 시작했다. 돈을 빌리러 오는 이도 있었고, 공방을 통째로 팔라고 하는 사람도 있었다. 처음에 노인은 일상의 변화가 즐거웠다. 그런데 시간이 지날수록 사람들의 잦은 방문이 불편해졌고, 사람들의 지나친 관심도 귀찮아졌다.

다음 날 노인은 문제의 찻잔을 도끼로 부숴버렸다. 그리고 자신이 제일 좋아하는 개 목걸이를 만들며 다시 즐거움을 찾게 되었다.

◇◇◇◇◇

가장 좋은 일은 내가 가장 좋아하는 일을 하는 것입니다. 오늘이 지루하고 의미 없다는 생각이 든다면 지금 하고 있는 일이 좋아서 하는 일인지를 살펴보아야 합니다. 좋아하는 일을 하게 되면 먹기 위해 사는 것이 아니라 살기 위해 먹는 사람이 될 것입니다. 꿈을 이루는 것은 곧 가장 좋아하는 일을 찾아가는 과정이기도 합니다.

좋아하는 일을 하기 위해서는 세 가지 요건이 필요합니다. 우선 좋아하는 일에 대한 확신이 있어야 합니다. 이 일이 내가 정말 좋아하는 일인지에 대한 확신이 필요합니다. 다음으로, 좋아하는 일이 다른 사람에게 유익한 일인지 살펴야 합니다. 나에게는 좋은 일이지만 다른 사람에게 피해를 주는 일이라면 그것은 좋은 일이 아니기 때문입니다. 끝으로 가장 좋아하는 일을 하기 위해서는 자신이 가진 소중한 것을 투자해야 합니다. 소중한 것을 투자하는 것은 다른 것을 포기한다는 결단이기도 합니다. 동시에 두 마리 토끼를 잡으려고 욕심을 부리다가는 둘 다 놓칠 수 있기 때문입니다.

좋아하는 일을 하며 사는 것이 행복한 삶입니다. 가장 좋아하는 일을 가장 잘할 수 있을 때 우리는 보람이라는 열매를 얻게 됩니다. 단지 월급만을 위해서 일을 한다면 제 살을 깎아 먹고 말 뿐입니다. 같은 일을 하더라도 그 일을 통해 보람이라는 열매를 찾아야 합니다. 지금 하는 일에서 보람을 찾을 수 없다면 지금이라도 내가 진정으로 좋아하는 일이 무엇인지 깊이 생각해보아야 합니다.

희망은
열린
가능성
이다

"하나님, 어떻게 이럴 수가 있습니까?"

한 남자가 눈물을 흘리면서 하늘을 원망했다. 그는 일자리를 구하러 다니는 중이었다. 남자는 며칠 동안 직장을 못 얻어서 집에 있는 처자식들이 굶고 있었다. 그는 본래 슈퍼마켓을 경영했는데 동업하는 사람에게 사기를 당하는 바람에 빚더미에 올라앉게 되었다.

어느 날 남자는 길을 가다 한 사람을 만났다. 휠체어에 앉은 사람이 남자에게 말을 걸어왔다.

"오늘 날씨가 참 좋지요?"

남자는 인사를 하는 그의 모습을 본 순간 깜짝 놀랐다. 휠체어에 앉은 그는 두 발이 없었다. 순간 남자의 머릿속에 한 가지 생각이 스쳐갔다.

'아니, 발이 없어 휠체어에 앉은 사람에게 무슨 날씨 타령이람. 저 사람도 좋은 날씨가 있나?'

그러나 곧 남자는 하늘을 원망하며 불만으로 가득한 자신의 모습을 떠올리게 되었다. 남자는 집으로 돌아오자마자 화장실에 있는 큰 거울에 글을 써놓았다.

"구두가 없어서 불편하거든 구두 신을 필요가 없는 사람을 생각하라."

그와의 만남을 계기로 남자는 새로운 일을 시작할 수 있는 힘을 얻게 되었다.

◇◇◇◇◇

사람의 삶을 지탱하는 힘은 열린 가능성입니다. 우리는 그것을 '희망'이라고 부릅니다. 희망은 밖에서 찾아오는 것이 아니라 영혼 속에서 시작됩니다. 새는 바람이 가장 강하게 부는 날 집을 짓는다고 합니다. 그것은 강한 바람에도 견딜 수 있는 튼튼한 집을 짓기 위해서입니다. 태풍이 불어 부러진 나뭇가지에도 새집이 부서지지 않고 붙어 있는 것은 그런 까닭입니다. 강한 바람 속에서 새들이 집을 짓듯 혹독

한 환경 속에서도 희망을 품어야 합니다.

희망은 미래에 대한 기대를 갖게 합니다. 그러나 희망을 삶에 구체화하지 못하면 희망은 망상이 되고 맙니다. 절망과 낙망과 원망의 잡초가 마음 밭에 돋아나지 않도록 마음속에 품고 있는 희망을 잘 가꾸어야 합니다.

하버드대학교 심리학 연구소에서 65세 이상의 정년퇴직자들을 대상으로 조사를 했습니다. 그 결과 3 : 10 : 60 : 27의 비율로 경제 피라미드를 구성하고 있는 것을 발견했습니다. 3퍼센트는 최고의 부를 누리고 있었고, 10퍼센트는 퇴직 전과 별 차이 없는 경제력을 갖고 있었습니다. 60퍼센트의 사람은 근근이 생활을 유지하고 있었고, 27퍼센트는 자선 단체의 도움으로 살아가고 있었습니다. 연구소는 이러한 차이의 원인에 대해 다음과 같은 결과를 발표했습니다.

그중 하나가 목표에 대한 태도였습니다. 3퍼센트에 속한 사람은 젊었을 때부터 자신의 목표를 글로 적어놓고 수시로 꺼내 읽는 습관을 가진 사람들이었습니다. 10퍼센트의 사람은 목표는 있었으되 글로 적고 수치로 꺼내 읽는 습관은 갖지 않은 사람들이었습니다. 60퍼센트는 목표가 수시로 바뀐 사람들이었고, 27퍼센트는 목표 자체가 없는 사람들이었습니다.

현재 가진 것이 없고, 힘들다고 포기하면 미래는 없습니다. 지금 없는 것만을 생각하지 말고 남아 있는 것에서 새로운 가능성을 보아야 합니다. 그리고 새로운 가능성이 희망이 될 수 있도록 잘 가꾸어야 합니다.

긍정
이라는
용기

매사에 부정적인 남자가 있었다. 남자는 전쟁 중에 상관의 명령에 복종하지 않았다는 이유로 총살형을 선고받았다. 그런데 형 집행 며칠 전에 총살형이 교수형으로 바뀌었다. 연락을 받은 남자가 말했다.

"이놈의 나라는 그렇게 전쟁을 하더니 결국 총알이 다 떨어졌나보군."

그런데 얼마 뒤 남자는 사형에서 무기징역으로 감형이 됐다는 연락을 받았다. 그러자 그는 이렇게 말했다.

"망할 놈의 나라. 밧줄도 다 떨어졌네."

며칠 뒤 남자는 다행스럽게도 사면이 되었다는 통보를 받았다. 남자는 또 말했다.

"빌어먹을, 이제는 죄수들에게 먹일 식량도 다 떨어진 모양
이군."

◇◇◇◇◇

사람의 뇌는 긍정적인 생각보다 부정적인 생각에 더 빨
리 반응합니다. 한 사람에 대한 좋은 평가항목과 나쁜 평가
항목을 동시에 보여준 다음 나중에 물으면 나쁜 평가항목
을 훨씬 많이 기억한다는 실험 결과도 있습니다. 이러한 부
정의 본질은 죽음 때문입니다. 인간은 무의식적으로 언젠
가는 죽는다는 생각을 갖고 있기 때문에 그에 대한 무의식
이 부정적인 생각을 양산합니다.

우리에게 죽음은 다음과 같은 세 가지 사실을 상기시킵
니다. 첫째는 한계가 있음을 알려줍니다. 이 땅에 영원한 것
은 없습니다. 둘째는 '나도 죽는다'는 사실입니다. 다른 사
람의 죽음을 보면서 자신의 죽음을 생각하는 것입니다. 지
구상에는 73억 이상의 인구가 사는데, 매년 평균 5천만 명
이 죽습니다. 매일 14만 명이 죽음을 맞이하는 셈입니다.
그렇게 죽어가다 보면 머지않아 내 차례도 올 것임을 압니
다. 무의식적으로 죽음의 차례를 기다리고 있는 것입니다.

셋째는 죽음은 예기치 않고 찾아온다는 사실입니다. 인간에게는 오늘이 내 마지막 날이 될 수도 있다는 불안이 무의식 중에 내재되어 있습니다. 이러한 부정의 종결자인 죽음이 그림자처럼 따라다니기에 인간은 부정적인 습성을 가지고 태어날 수밖에 없습니다.

그렇다고 삶이 오로지 부정으로 가득 차 있는 것은 아닙니다. 그럼에도 불구하고 우리 곁에는 여전히 행복이 존재하고, 긍정적인 일이 많습니다. 죽음만을 생각하고 살면 염세적으로 변하지만, 죽음이 있기에 생명이 더욱 귀한 것이며, 죽음의 날이 있기에 오늘을 소중하게 여긴다면 생각도, 인생도 긍정적으로 바뀝니다.

갤럽 선임연구자인 셰인 로페즈는 자신의 책 《인간의 강점 발견하기》에서 "세 개의 긍정이 하나의 부정을 이길 수 있다"고 주장합니다. 사람은 누구나 부정적인 생각을 하거나, 부정적인 말을 들을 수 있습니다. 하지만 그럴수록 긍정적인 생각을 더 많이 하고, 스스로 긍정적인 말을 더 많이 해야 합니다. 긍정의 용기만이 부정의 두려움을 이길 수 있기 때문입니다.

관습의
틀을
깨자

러시아의 상트페테르부르크에는 화려한 궁전과 아름다운 정원이 있는데, 정원 앞에는 항상 병사 두 명이 경비를 서고 있었다. 어느 날 외지에서 부임한 궁전의 경호대장이 지나가는 병사에게 물었다.

"저 병사들이 항상 정원에 서 있는 이유는 무엇인가?"

병사는 어리둥절한 표정으로 대답했다.

"저도 모릅니다. 그냥 예전부터 그래왔습니다."

경호대장은 궁전의 모든 병사들에게 같은 질문을 했지만, 이유를 아는 사람이 아무도 없었다. 경호대장은 이유를 알아내기 위해 온 마을을 찾아다니다 마침내 한 노인을 만났다. 노인은 경호대장에게 말했다.

"제가 우리 아버지께 들은 바로는 새로 칠을 한 의자에 사람들이 앉는 것을 방지하기 위해서였다고 하셨습니다. 엄청 오래된 일이라고 들었습니다."

즉시 궁전으로 돌아온 경호대장은 문서를 조사해보았다. 노인의 말대로 경비는 새로 칠한 의자에 사람이 앉아 옷에 칠이 묻을까봐 세워둔 것이었다. 그런데 그보다 놀라운 건 경비를 서기 시작한 지가 이미 2백 년이 넘었다는 사실이었다.

◇◇◇◇◇

처음에는 분명한 이유가 있어서 시작했더라도, 왜 해야 하는지에 대한 자기 성찰이 없는 행동은 나중에 큰 낭비를 부릅니다. 특히 사람과 관련된 일에는 항상 '왜?'라는 질문을 던져야 합니다. '남이 하니까', '이제까지 해왔으니까'라는 이유로 하는 습관적인 행동은 없는지 한번쯤 돌아보아야 합니다.

개인을 움직이는 힘이 습관이라면 공동체를 움직이는 것은 전통입니다. 전통 가운데는 그때, 그 상황에서는 꼭 필요한 일이었지만 세월이 흐르면서 내용은 잊어버리고 형식만 남아 있는 것들이 있습니다. 혁신은 이러한 전통을 되짚어

보고 그 의미를 발견하여 오늘에 맞는 옷으로 갈아입히는 작업입니다.

사람의 습관도 마찬가지입니다. 꿈을 꾸는 것만으로 성공할 수는 없지만, 습관을 바꾸면 인생을 바꿀 수 있습니다. 여러 가지 습관 중 자연스럽게 다른 행동까지 변하게 해주는 습관을 '핵심 습관'이라고 합니다.

〈뉴욕타임스〉의 기자인 찰스 두히그는 세계적인 베스트셀러《습관의 힘》에서 "핵심 습관을 바꾸면 그 밖의 모든 것을 바꾸는 것은 시간문제다"라고 주장했습니다. 핵심 습관은 개인마다 다를 수 있습니다. 사람마다 사는 방식도 다르고 인생철학도 다르며 환경도 다르기 때문입니다. 그럼에도 전문가들은 대부분의 사람들에게 적용되는 몇 가지 핵심 습관이 있다고 주장합니다. 그것은 일찍 일어나는 일이 될 수도 있고, 소비의 우선순위를 정하는 일이 될 수도 있습니다.

당신의 인생을 바꿀 핵심 습관은 무엇입니까? 나를 변화시킬 핵심 습관이 무엇인지 성찰하고, 행동을 바꾸면 내 운명이 바뀝니다.

무엇을
택할
것입니까

한 여인이 무시무시한 괴물에게 쫓기는 꿈을 꾸었다. 괴물은 괴성을 지르며 여인을 따라왔다. 여인이 계곡이나 산으로 도망가도 괴물은 그곳이 어디든 끝까지 따라왔다. 괴물을 피해 도망가던 여인은 어느덧 막다른 곳에 다다랐다. 마침내 괴물이 여인의 등 뒤까지 따라붙자 여인은 뒤를 돌아 괴물에게 가까스로 소리를 질렀다.

"도대체 나한테 뭘 어쩌려는 거야."

그러자 괴물이 대답했다.

"그건 너한테 달렸지. 나는 네가 꾸는 꿈이니까."

누구나 약점을 가지고 있지만 우리 안에는 약점을 강점으로 바꾸는 힘이 있습니다. 약점을 인정하지 않고 약점에 눌려 지낼 것인지 약점을 인정하고 약점을 강점으로 전환할 것인지는 나의 결정에 달렸습니다.

프랭크 베트거가 쓴《실패에서 성공으로》는 보험 영업을 하는 사람들에게는 바이블과 같은 책입니다. 야구선수였던 베트거는 부상으로 선수 생활을 도중에 접어야만 했습니다. 그는 먹고살기 위해 보험 세일즈맨이 되었습니다. 29세에 처음 시작한 세일즈맨 생활은 완전히 실패했지만, 20년 후 그는 전국 5위 안에 드는 세일즈맨이 되었습니다. 그는 이 책에서 자신의 실패를 성공으로 전환한 동기를 소개하고 있습니다.

그는 생명보험을 팔려고 노력했지만 성과가 없자 여러 날 동안 다른 일자리를 찾으려고 구인광고에 응모를 했습니다. 깊은 절망감에 사로잡힌 그는 회사를 그만둘 결심을 하고 짐을 정리하기 위해 사무실에 들렀습니다. 때마침 사장과 세일즈맨들이 회의를 하고 있었습니다. 사장이 영업 사원들에게 말했습니다.

"영업은 결국 한 가지, 오직 한 가지로 귀결됩니다. 그것은 바로 사람들을 만나는 일입니다. 밖에 나가서 하루에 네댓 명의 사람들에게 자신의 이야기를 정직하게 할 수 있는 사람이라면, 그 사람의 영업은 성공할 수밖에 없습니다."

그는 그 말을 듣는 순간 마치 태양이 구름을 비집고 나와 쨍하고 비치는 듯한 느낌을 받았습니다.

'이봐, 프랭크, 너는 튼튼한 다리를 가지고 있잖아. 너도 매일 밖으로 나가서 네다섯 사람한테 네 이야기를 정직하게 할 수 있어.'

그날 이후 그는 하루에 적어도 네 사람을 만나기 위해 노력했습니다. 그리고 12개월 동안의 모든 방문 결과를 완벽하게 기록해두었습니다. 그 결과 70퍼센트가 첫 번째 면담에서, 23퍼센트는 두 번째 면담에서, 7퍼센트는 세 번째 면담에서 영업 계약이 성사된 것을 알게 되었습니다. 그리고 그는 자신의 시간 중 절반이 7퍼센트 때문에 소비되고 있다는 사실을 발견했습니다. 그 발견을 토대로 그는 첫 번째 면담과 두 번째 면담에 모든 시간을 투자한 결과, 성공적인 세일즈맨이 될 수 있었습니다.

오늘의
행복
찾기

　말끝마다 쉬고 싶다고 푸념하는 사람이 있었다. 어느 날 그
는 잠을 자다가 꿈을 꾸었다. 꿈속에서 그는 천국에 있었다. 천
국은 정말 아름다웠고, 없는 것이 없었다. 천국을 여기저기 구
경하고 다니는데 어떤 남자가 그를 몸종처럼 쫓아다니면서 이
것저것 도와주는 것이었다. 남자는 그가 마음속으로 원하는 것
을 용케 알고 말하기도 전에 해주었다. 모든 일이 마음먹은 대
로 되었다. 그야말로 부족한 것이라고는 조금도 없었다.

　그는 하루 종일 손끝 하나 움직일 필요가 없었다. 처음에는
너무 편하고 좋았지만, 그런 생활이 거듭될수록 그는 점차 짜증
이 나기 시작했다. 아름다운 것에도, 편안한 것에도, 맛있는 음
식에도 그만 싫증이 나고 말았다. 그는 참다못해 이제껏 자기의

시중을 들던 남자에게 말했다.

"나는 이제부터 일을 좀 하고 싶습니다. 아무것도 하는 일 없이 그저 편안하게 쉬고만 있으니까 정말 답답해 죽을 지경입니다. 이제부터는 제발 일 좀 할 수 있도록 도와주십시오."

그러자 남자가 정색을 하면서 말했다.

"저는 무슨 일이든지 다 도와드릴 수 있지만 그것만은 절대 안 됩니다. 저는 당신에게 절대로 일을 시킬 수 없습니다. 여기에서는 불가능합니다. 당신은 절대로 일을 할 수 없습니다."

"난 이제 싫증이 나서 도저히 참을 수가 없습니다. 천국이라는 곳이 이렇게 아무 일도 하지 않고 편히 쉬기만 하는 곳이라면 난 이제 싫습니다. 이제는 차라리 날 지옥으로 보내주십시오."

남자는 어이없다는 듯이 웃으면서 말했다.

"당신은 지금까지 여기가 천국인 줄 알고 있었군요. 그러나 여기는 천국이 아니라 지옥입니다. 지옥!"

깜짝 놀란 그는 꿈에서 후다닥 깨어났다.

◇◇◇◇◇

사람을 행복하게 만드는 네 가지 조건이 있습니다. 먼저, 기대가 있어야 합니다. 미래는 지금보다 더 나을 것이라는 기대감이 있어야 합니다. 사람은 현재로 만족하지 못합니다. 반드시 미래지향적인 약속을 받고, 보다 더 밝은 미래를 바라보는 소망이 있어야 비로소 행복할 수 있습니다.

둘째, 사랑하는 것이 있어야 합니다. 얼핏 사랑을 받는 것이 더 중요하다고 생각되지만 사실은 이보다 더 절실한 것이 사랑의 대상입니다. 내 마음과 정성을 다 바쳐 사랑할 수 있는 것이 있어야 합니다.

셋째, 믿을 것이 있어야 합니다. 믿음의 대상이 없는 사람은 불행한 사람입니다. 아무것도 믿을 것이 없다고 하는 사람은 이미 죽은 사람이나 마찬가지입니다. 확실한 믿음의 대상을 지니고 '나는 이것을 믿노라' 하는 것이 있어야 행복합니다.

마지막으로 일거리가 있어야 합니다. 일할 때는 바쁘다, 힘들다, 피곤하다고 하지만 세상에 할 일이 없는 것처럼 괴로운 일은 없습니다. 병들었을 때, 퇴직할 때, 늙었을 때 이런 사실을 절실하게 깨닫게 됩니다. 일을 할 수 있다는 것은 축복입니다. 특히 그 일이 자기만을 위한 일이 아닌 사회에 도움이 되는 일이라면 더욱 그렇습니다.

사람들은 지금 열심히 일하면 나중에 행복해질 것이라는 착각 속에 살고 있습니다. 그러나 지금 행복하지 않으면 나중에도 행복해질 수 없습니다. 나이가 들어 행복을 찾으려고 들지만 아무것도 심지 않은 들판에서 무슨 열매를 거둘 수 있겠습니까? 행복했던 기억이 있어야 앞으로도 행복해질 수 있습니다. 행복은 멀리 있지 않습니다. 지금 행복해야 내일도 행복합니다. 무엇을 소유해서 행복한 것이 아니라 조그만 것에서도 의미를 찾을 수 있다면 행복은 그 안에 있습니다. 바쁘게 뛰어가야만 인생에서 행복을 발견할 수 있는 것은 아닙니다. 주위를 둘러보고, 내 가족을 둘러보고, 천천히 세상을 음미해보십시오. 오늘 행복하면 내일도 행복합니다.

두
마리
말

한 소녀가 합창단에 지원했다. 그러나 소녀는 번번이 합격자 명단에서 자신의 이름을 발견할 수 없었다. 소녀는 크게 낙심한 나머지 괴로워하며 자책했다. 소녀는 노래를 전문적으로 배우고 싶었지만 가정형편이 어려워서 배울 수 없었다.

어느 날 소녀는 노래 연습을 위해 공원을 찾아가 자그마한 소리로 노래를 흥얼거렸다. 그때 옆에 있던 할머니가 노래를 잘 부른다며 소녀를 칭찬했다. 소녀는 자기도 모르게 웃음을 지었다. 다음 날 다시 공원을 찾아 조용히 노래를 부르자 또다시 할머니가 다가와서 그녀의 노래 솜씨를 칭찬했다. 이렇게 여러 날이 지나자 소녀는 노래를 부르는 기쁨을 느끼게 되었고, 몇 년 후 마침내 가수 선발대회에서 일등을 하게 되었다. 순간 소녀는 공원에서 만났던 할머니가 생각났다. 소녀는 이리저리 수소문해서 할머니를 찾았지만 할머니는 이미 하늘나라로 떠나고 난 뒤였다.

소녀는 할머니를 찾아다니던 중 놀라운 이야기를 듣게 되었다. 할머니가 청각장애인이었다는 것이다. 비록 귀는 들리지 않았지만 소녀의 노래를 마음으로 들어준 할머니의 격려와 칭찬이 소녀를 계속 노래하게 해주었던 것이다.

◇◇◇◇◇

말 속에는 말하는 사람이 담겨 있습니다. 말은 그 사람의 수준이나 능력만 드러내는 것이 아니라 인격과 품위를 담고 있습니다. 청산유수로 말은 잘하는데 상처를 주는 사람이 있는가 하면, 말솜씨는 별로인데 따뜻한 위로가 되는 사람도 있습니다. 말만 하면 싸우는 사람은 말을 잘하지 못하는 것이 아니라 인격이 그런 것입니다. 남의 말을 듣지 않는 사람, 분위기 파악 못하고 혼자서만 말하는 사람, 입만 열면 거짓말, 허풍, 자기 자랑만 하는 사람, 입을 열 때마다 남을 비난하고 무시하고, 자존심을 짓밟으며 말하는 사람 또한 그 사람의 인격과 품위를 그대로 드러내는 것입니다.

모든 사람은 두 종류의 말을 키우고 있습니다. 바로 '살리는 말'과 '죽이는 말'입니다. 살리는 말은 생명의 길로 인도하고, 죽이는 말은 사망의 길로 인도합니다. "잘해봐"라는 비꼬는 말, "난 모르겠다"라는 책임 없는 말, "그건 해도 안 돼"라는 소극적인 말, "네가 뭘 알아"라는 무시하는 말, "바빠서 못해"라는 핑계의 말, "잘 되어가고 있는데 왜 바꿔"라는 안일한 말, "다음에 하자"라는 미루는 말, "해보나마나 똑같아"라는 포기의 말, "이제 그만두자"라는 의지를 꺾는 말은 사망의 길로 달리는 열 가지 말입니다.

　고기는 잘 씹어 먹어야 속이 편하고, 말은 여러 번 곱씹어서 해야 듣는 이의 속이 편합니다. 참말은 사람을 살리는 말이고, 거짓말은 사람을 죽이는 말입니다. 사람이 말을 하는 목적은 사람을 살리기 위함입니다. 무슨 일을 하고 어떤 직책을 가졌든지 다른 사람을 배려하고 위로하는 말을 하는 사람이 살리는 사람이요, 말을 잘하는 사람입니다.

망고
나무를
생각
하십시오

　페르시아의 왕에게는 네 명의 아들이 있었다. 왕은 첫째에게
는 겨울, 둘째는 봄, 셋째는 여름, 넷째는 가을에 멀리 떨어진
별궁에서 지내고 오라고 명령했다. 그러고는 아들들에게 정원
뒤편의 망고나무를 자세히 관찰하라고 했다. 네 명의 아들은 왕
의 명령을 순순히 따랐다. 일 년 후 왕은 아들들을 불러놓고 물
었다.

　"자, 이제부터 너희가 본 망고나무를 내게 설명해다오."

　네 아들의 대답은 각양각색이었다.

　"망고나무 가지는 불에 타고 남은 폐허 같습니다."

　"망고나무는 잎이 푸르고 싱그럽습니다."

　"망고의 꽃은 장미처럼 아름답습니다."

"망고나무 가지에 열매가 주렁주렁 탐스럽게 열렸습니다."

왕은 네 아들에게 말했다.

"너희들의 대답은 모두 옳다. 망고나무는 계절마다 각각 다른 모습을 보여준다. 한 가지 모습만 보고 그것이 전부라고 생각해선 안 된다. 앞으로 너희들은 어떤 일을 결정할 때마다 그 망고나무를 생각해라. 너희가 어떤 처지에 놓여 있든지 다른 면도 있음을 잊지 말아라."

◇◇◇◇◇

사람들은 같은 것을 보고도 서로 다르게 판단할 수 있습니다. 그리고 각자 자기의 판단이 옳다고 믿습니다. 직접 눈으로 본 사실이라도 진실이 아닐 수 있습니다. 사실은 진실을 담고 있기는 하지만 사실이 진실 자체는 아니기 때문입니다.

진실이 벌거벗고 있는 상태라면 사실은 옷을 입은 것이며, 판단은 그 옷에 대한 취향을 나타냅니다. 대부분의 사람들은 사실 자체보다는 자신과의 관계에 따라 판단을 내립니다. 나와 어떤 관계인지, 나에게 어떤 이익이 있을지를 먼저 계산해보는 경우가 많습니다. 그래서 판단은 저울과 같

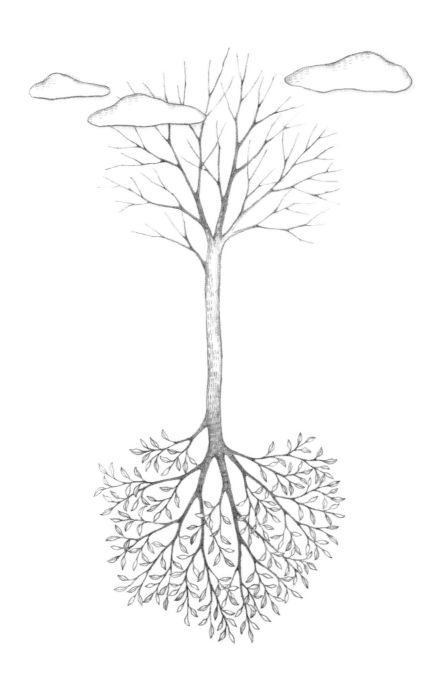

고, 증거는 저울추와 같습니다. 어떤 것을 저울추로 놓느냐에 따라 판단의 균형이 무너질 수도 있습니다.

영국의 웰링턴 공작은 "나는 그 판단이 그 사람의 이익과 관계되어 있다면 그의 판단을 믿지 않는다"라고 말했습니다. 사람은 자신의 이익을 중심으로 판단하게 되어 있습니다. 그리고 잘못된 것에 대해 판단할 때는 자기 자신의 잘못보다 남의 실수가 더 잘 보이는 법입니다. 그러므로 다른 사람을 향해 섣불리 들이댄 판단의 칼이 나중에는 자신을 향할 수도 있음을 염두에 두어야 합니다.

사람들은 누구나 마음속에 선입견과 편견이라는 두 마리의 개를 키웁니다. 이 두 마리로부터 난 새끼의 이름이 편애입니다. 지혜로운 사람은 무언가를 판단하기 전에 우선 마음속에 기르고 있는 선입견과 편견이라는 두 마리의 개를 멀리 쫓아버립니다. 선입견은 진실을 왜곡시키고, 편견은 마음을 상하게 하며, 편애는 관계를 망칩니다. 판단은 굴절된 거울과 같습니다. 바르게 느끼지 못하면 어긋난 판단을 내리기 쉽습니다. 자신의 판단을 주장할 때는 더욱 조심해야 합니다. 듣기는 빨리 하고 말은 더디게 해야 하는 지혜가 필요한 까닭입니다.

1920년대 미국에 아서 베리라는 전설적인 도둑이 있었다. 그는 명문가에서 태어나 남부러울 것 없이 유복하게 자랐다. 천부적 재능을 고루 갖추고 있었으며 머리도 좋았고 학벌도 특출했다. 뛰어난 용모에 키도 훤칠했다. 또한 운동신경도 좋아서 못하는 운동이 없었고, 음악에도 재능이 있어서 피아노 독주회를할 만큼 천재적인 실력을 자랑했다. 뭇 여인들이 그를 흠모했고, 그를 한번 만나보는 것을 큰 영광으로 생각했다.

그러나 아서 베리의 진짜 정체는 보석 도둑이었다. 그는 오랫동안 보석을 도둑질하면서 사교계에서 풍요로운 삶을 누렸다. 그러던 어느 날, 보석상을 털다가 경찰에게 붙잡히고 만 그는 18년의 긴 세월을 감옥에서 보내게 되었다. 그는 형기를 마치고 고향으로 돌아온 뒤 새로운 삶을 시작했다. 그동안의 죄를 뉘우치고 착실히 일하면서 이웃을 위해 봉사를 해서 고향 사람들의 존경을 받는 모범시민이 되었다. 그는 고향을 위해 궂은일을 도맡아 했고, 재향군인회 회장직을 맡기도 했다. 어느 날 한 신문기자가 그를 찾아와 물었다.

"뉴욕의 유명한 보석 도둑이었을 때 누구의 보석을 가장 많이 훔쳤습니까?"

한참을 생각하던 아서 베리는 침통한 표정으로 대답했다.

"가장 많이 도난을 당한 사람은 바로 나입니다. 나의 능력을 올바로 사용했더라면, 성공적인 사업가가 되었거나 사회에 공헌하는 사람이 되었을 것입니다. 그러나 나는 도둑질을 하며 성인이 된 후 3분의 2를 감옥에서 낭비했습니다. 나는 나에게서 내 가장 큰 재산인 시간과 능력과 인생을 훔쳤습니다."

◇◇◇◇◇

시간은 우리 모두에게 똑같이 주어진 기회의 선물입니다. 모든 인간은 시간 앞에 평등합니다. 부자나 권력자, 혹은 지식이 많다고 해서 더 많은 시간을 갖는 것도 아니며, 가난하거나 힘이 없고 무식하다고 해서 시간이 빨리 가는 것도 아닙니다. 내가 가진 시간을 다른 사람이 훔쳐갈 수도 없고 다른 사람의 시간을 빌려올 수도 없습니다. 나의 시간은 신이 오직 나에게만 허락한 선물입니다.

우리는 자신에게 주어진 시간이라는 선물을 어떻게 사용해야 할지 선택해야 합니다. 현대인들은 과학의 발달로 과거에 비해 시간이 많아졌습니다. 수명도 연장되어 예전보다 더 많은 시간이 주어졌습니다. 선택의 기회도 많고 다양해졌습니다. 그런데도 우리는 무언가에 쫓기듯 '빨리빨리'를 외쳐댑니다.

왜 그럴까요? 그 이유는 절대적인 시간은 늘어났지만 생각하는 시간이 줄어들었기 때문입니다. 서울에서 부산까지 무궁화호를 타면 5시간 30분에 갈 수 있는 거리를 KTX를 타고 3시간에 가면 2시간 30분의 물리적인 시간은 얻을 수 있을지 몰라도 그만큼 생각하는 시간은 줄어듭니다.

인디언들은 황야를 전속력으로 질주하다가 도중에 어느 순간 멈춰 선다고 합니다. 이는 자신의 영혼이 따라오는지를 살피기 위해서라고 합니다. 시간을 어떻게 사용하느냐는 결국 나의 선택에 달려 있습니다. 내 시간의 도둑은 다른 사람이 아닌 바로 나입니다. 혹시 나도 모르게 '생각하는 시간'을 도둑질하지는 않았나요?

비전을
따르는
삶

　중세의 어느 수도원에서 수련을 하던 수행자들이 하나둘 수
도원을 떠나고 있었다. 친한 동료들이 수도원을 떠나려고 하자
한 수행자가 그들을 말리다가 안타까운 마음에 수도원 원장을
찾아가 물었다.

　"원장님은 자꾸 수행자들이 떠나가는데 왜 말리지 않으십니
까?"

　원장은 잠시 생각에 잠겼다가 대답했다.

　"사냥꾼이 수많은 사냥개를 풀어 토끼를 잡으러 갔다네. 그
가운데서 맨 처음 토끼를 발견한 사냥개는 마구 짖어대며 토끼
를 쫓아갔지. 그러자 토끼를 보지 못한 다른 사냥개들도 짖어대
며 그 사냥개를 따라갔어. 한참을 달리다 보니 토끼를 직접 보

지 못하고 따라가기만 했던 개들은 힘이 들기 시작했지. 그러다 장애물이 나타나자 달리기를 포기하고 말았다네. 그러나 토끼를 직접 본 사냥개는 자기 목표물을 확인했기 때문에 어떤 어려움이나 힘든 일이 있어도 꿋꿋이 토끼를 쫓았다네."

원장의 이야기를 들은 수행자는 아무 말 없이 자기 자리로 돌아갔다.


◇◇◇◇◇


현대인을 속박하는 다섯 가지의 M이 있습니다. 첫 번째 M은 머신(Machine,기계)입니다. 기계가 인간의 삶을 편리하게 해준 것은 사실이지만 지나친 기계화는 인간성을 상실하게 만듭니다. 두 번째 M은 매스(Mass, 대량)입니다. 크기와 숫자의 신에 농락당하면 극소수의 사람들 외에는 모두 큰 손해를 입습니다. 세 번째 M은 마잇(Might, 힘)입니다. 사람들은 힘을 숭상합니다. 그러나 힘으로 세운 것은 더 큰 힘을 만나면 무너지고 맙니다. 네 번째 M은 머니(Money, 돈)입니다. 세상의 대부분의 문제는 돈과 관련이 있습니다. 사람의 평가 기준과 성공 기준이 돈인 경우가 많습니다. 돈에 속박되면 돈이면 무엇이든지 다 할 수 있는 줄 압니다. 그래서 돈 때문에 도리와 윤리와 의리를 팽개치지만, 세상에는 아직까지 돈으로 살 수 없는 것이 많습니다. 돈이 자유를 준다고 하지만 실제로는 욕망과 쾌락의 자유를 주면서 참된 자유를 빼앗습니다. 다섯 번째 M은 미디어(Media, 대중매체)입니다. 정보화 사회가 된 오늘날 미디어를 떠나서는 살 수 없게 되었습니다. 미디어는 정보를 전달하는 중요한 수단이지만, 과도하게 의존하면 정체성을 잃게 만듭니다.

그런데 이 다섯 가지의 M으로부터 벗어나는 또 하나의 M이 있습니다. 그것은 미션(Mission, 사명)입니다. 미션은 살아가며 추구하고자 하는 궁극적인 가치로서 내가 살아가는 이유입니다. 영어로 말하면 "Why?(너는 왜 사느냐?)"입니다. 미션은 죽는 그 순간까지도 이루고 싶은 가치이며, 또한 이루기 위해 노력해야 하는 것입니다. 지금 당장이 아니라 삶의 마지막 순간에 세상을 향해 "나는 이런 사람이었다"라고 말하고 싶은 것이 있다면 그것이 바로 내 인생의 미션입니다.

미션이 내가 살아가는 이유라고 한다면 비전은 내가 살아가는 방법입니다. 영어로 말하면 "What?(무엇으로 그렇게 살 건데?)"입니다. 비전이란 미션을 이루기 위한 과정을 구체적으로 보여줄 수 있는 미래의 지향점입니다. 따라서 미션이나 비전은 반드시 구체화되어야 합니다.

비전을 따르는 삶은 분명한 목표를 보고, 목표를 성취하기 위하여 달려가는 삶입니다. 비전이 분명한 사람은 포기하지 않습니다. 곤충학자인 장 앙리 파브르는 어느 날 날벌레들의 생태를 주의 깊게 관찰하다 중요한 사실 한 가지를 발견했습니다. 날벌레들은 아무런 목적 없이 무턱대고 앞에서 날고 있는 놈만 따라서 빙빙 돈다는 사실이었습니다. 어떤 방향이나 목적지도 없이 그냥 도는 것입니다. 빙빙 돌고 있는 바로 밑에 먹을 것을 가져다 놓아도 거들떠보지도 않고 계속 돌기만 합니다. 이렇게 무턱대고 7일 동안이나 계속 돌던 날벌레들은 결국 굶어 죽었습니다.

한 통계자료에 따르면 파브르가 관찰한 날벌레같이 아무런 목표 없이 살아가는 사람이 전체 인류의 87퍼센트에 이른다고 합니다. 무엇 때문에 사는지, 무엇을 위해 돈을 버는지, 번 돈을 어떻게 써야 하는지도 깊이 생각하지 않고 그저 폭식증에 걸린 사람처럼 앞뒤 가리지 않고 돈을 벌기만 하다가 죽습니다.

비전이 있는 사람은 무엇을 위해 살아야 하는지 목표를 알고 있는 사람입니다. 어느 날 마하트마 간디에게 기자들이 물었습니다. "선생님! 어떻게 군사력도 없이 인도를 대영제국에서 해방시킬 수 있었습니까?" 간디는 말했습니다.
"저에게는 조국 해방이라는 뚜렷한 비전이 있었습니다. 그
비전이 군사력보다 강한 힘입니다."

싸우지
않고
이기는
법

한 마을에 서로 친하게 지내는 검은 수탉과 붉은 수탉이 있
었다. 어느 날 마을에 예쁜 암탉이 이사를 왔다. 검은 수탉은 예
쁜 암탉에게 첫눈에 반했다. 붉은 수탉도 은근히 암탉을 사랑하
게 되었다. 친한 친구였던 두 수탉은 암탉을 사이에 두고 경쟁
관계가 되었다.

마침내 검은 수탉과 붉은 수탉은 구경꾼 닭들이 에워싼 넓은
마당에서 암탉을 차지하는 문제로 맞붙게 되었다. 피 튀기는 치
열한 싸움 끝에 검은 수탉이 승리했다. 붉은 수탉은 매우 분했
지만 자신의 패배를 인정했다. 붉은 수탉은 꽁지를 내린 채 집
으로 들어갔고, 신이 난 검은 수탉은 지붕 위로 올라가 목을 곧
추세우고 한바탕 노래를 불렀다.

그때 검은 수탉의 노랫소리가 미루나무 꼭대기에서 낮잠을 즐기던 솔개를 깨웠다. 솔개는 마당에 모여 있는 닭들이 지켜보는 가운데 검은 수탉을 낚아채고는 날아가버렸다.

◇◇◇◇◇

기원전 280년 에피루스의 왕이었던 피로스는 2만여 명의 군사와 20마리의 코끼리를 이끌고 로마를 침공했습니다. 피로스의 군대는 헤라클레아와 아스쿨룸에서 로마 군단과 맞붙어 승리를 거두었습니다. 피로스 왕은 치열한 전투 끝에 두 번의 승리를 얻었지만, 코끼리도 다 죽고 군인들도 4분의 3을 잃어 남은 병력이 얼마 되지 않았습니다. 전투가 끝난 후 피로스 왕은 승리의 보고를 듣고 난 후 "이런 전투에서 한 번만 더 승리를 거뒀다가는 우리는 망한다"라며 한탄했습니다. 이런 승리를 '상처뿐인 영광', '피로스의 승리(Pyrrhic victory)'라고 합니다.

싸움에서 이기는 데만 몰두하다 보면 이익보다는 손해가 훨씬 클 때가 있습니다. 싸울 때는 매우 소중하게 여겼던 가치가 지나고 보면 아무 쓸모없는 것으로 판명이 될 때도 있습니다. 프랑스의 실존주의 사상가 시몬 드 보부아르는 "살

만큼 살아보면 모든 승리가 결국 패배임을 알게 된다"라고
했습니다.

　혹시 눈앞의 작은 이익이나 자존심, 자기 자랑 때문에 싸
우려 들지는 않았습니까? 싸우기 전에 왜 싸워야 하는지에
대해 진지하게 생각해보고 먼저 화해의 방법을 찾아야 합
니다. 《손자병법》에서는 "싸우지 않고 이기는 것이 진정한
승리이다(不戰而屈)"라고 했습니다. 화해는 싸우지 않고 이
기는 방법입니다.

# 1초의
가치

한평생 시계만 만들어온 사람이 있었다. 그는 일생의 마지막
작업으로 온 정성을 기울여 손목시계를 만들었다. 손목시계는
자신의 경험과 기술을 쏟아부은 작품이었다. 그는 완성된 시계
를 아들에게 주었다. 아들이 시계를 받아보니 초침은 금으로,
분침은 은으로, 시침은 구리로 되어 있었다. 이상하게 생각한
아들이 물었다.

"아버지, 초침보다는 시침이 금으로 되어 있어야 하지 않을
까요?"

아들의 물음에 아버지가 웃으며 대답했다.

"초침이 없는 시간이 어디 있겠느냐? 작은 것이 바로 되어
있어야 큰 것이 바로 가지 않겠느냐? 초침의 길이야말로 황금

의 길이란다."

◇◇◇◇◇

　사람을 죽이면 살인(殺人)이고 시간을 죽이면 살시(殺時)입니다. 사람을 죽이면 법의 다스림을 받지만, 시간을 죽이면 운명이 바뀝니다.

　일 년의 가치를 알고 싶다면 낙제하거나 학점을 받지 못한 학생에게 물어보십시오. 한 달의 가치를 알고 싶다면 미숙아를 낳은 어머니를 찾아가서 물어보십시오. 한 주의 가치는 신문 편집자들이 잘 알고 있을 겁니다. 하루의 소중함을 알고 싶다면 자식이 딸린 날품팔이에게 물어보십시오. 한 시간의 가치가 궁금하다면 결혼식을 기다리는 신랑 신부에게 물어보거나 사랑하는 이를 기다리는 사람에게 물어보십시오. 1분의 소중함을 알고 싶다면 기차 시간을 놓친 승객에게 물어보십시오. 1초의 소중함을 알고 싶다면 사고현장에서 구사일생으로 살아남은 생존자에게 물어보십시오. 0.01초의 소중함을 알고 싶다면 올림픽 경기에서 은메달을 딴 선수에게 물어보십시오.

　매일 아침 86,400원을 입금해주는 은행이 있다고 상상해

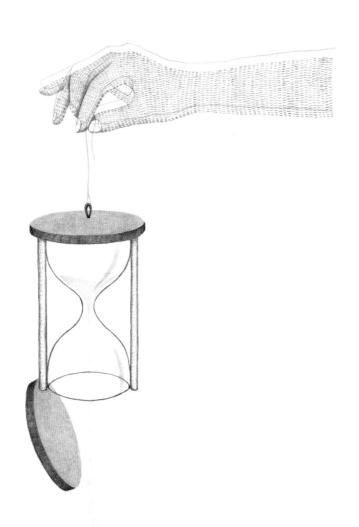

보십시오. 그러나 돈은 오늘이 지나면 사라져버립니다. 매일 저녁, 계좌에서 쓰지 못하고 남은 잔액은 그냥 없어져버립니다. 우리에게 시간은 마치 이런 은행과도 같습니다. 우리는 매일 아침 86,400초를 부여받지만, 매일 밤 사용하지 못한 시간은 그냥 사라져버릴 뿐입니다. 시간은 남아 있지 않습니다. 더 많이 사용할 수도 없습니다. 날마다 건강과 행복과 성취를 위해 최대한 사용할 수 있을 만큼 부지런히 써야 합니다.

흘러간 물이 돌아오지 않는 것처럼 지나간 시간은 되돌릴 수 없습니다. 1초가 쌓여 일생이 되고, 1초가 세상을 변화시킵니다. 오늘이 이 땅 위에 남은 내 삶의 첫날이라는 사실을 기억해야 합니다.

오늘을
살자

애플 사의 CEO였던 스티브 잡스는 21세기 인류 문명에 큰 변화를 일으킨 사람 중 한 명이다. 그는 2011년 10월 5일 56세를 일기로 세상을 떠났지만, 그가 발명한 스마트기기들은 인간과 기계의 소통 방식에 일대 변화를 일으켰다. 생각하는 방식이나 자신의 생각을 실현하는 방식, 그리고 그 방식으로 세상을 설득하는 일에 대해 그만큼 탁월함을 보인 사람은 찾기 힘들 것이다.

2003년에 췌장암 판결을 받은 잡스는 2005년 스탠포드 대학 졸업식에서 다음과 같은 연설을 했다.

"나는 죽음이라는 앵글을 통해 나 자신의 인생을 다시 바라보게 되었습니다. 죽음은 인생에 있어서 가장 위대한 발명품입니다. 나는 지금 내가 하려고 하고 욕심내는 이 일이 죽음 앞에서도 하고 싶은 일인지를 고민하게 되었습니다. 죽음을 통해 인생의 한계를 보고, 죽음을 통해 인생의 참된 가치를 발견할 수 있었습니다. 죽음은 지금 나의 삶을 변화시키는 힘을 가지고 있습니다."

그는 매일 아침, 죽음을 문밖에 세워두고 "오늘이 내 인생의 마지막 날이라면 지금 무엇을 할 것인가?"라는 화두로 하루를 시작했다.

◇◇◇◇◇

시간은 멈춰 있지 않습니다. 흐르는 시간의 강 위에서 우리는 오직 현재라는 시간만을 경험할 뿐입니다. 과거나 미래는 현재의 다른 이름일 뿐입니다. 즉, 과거는 흘러간 현재이고, 미래는 다가올 현재입니다. 그 현재를 우리는 '오늘'이라고 표현합니다.

《탈무드》에는 "오늘은 최초의 날이자 최후의 날이다. 내게 남아 있는 날 가운데 오늘이 가장 젊은 날이다"라는 글이 있습니다. 그런데 지나간 오늘인 '어제'가 앞길을 가로막습니다. 어제 이렇고 저런 일을 했기 때문에 너의 오늘은 이래야 한다고 말합니다. 많은 사람들이 어제에 가로막혀서 전전긍긍합니다. 또한 다가올 오늘인 '내일'이 발목을 잡고 늘어집니다. 지금이 아니어도 괜찮다고, 내일이 있으니 지금은 쉬고 내일 하자고 말합니다. 그러나 내일은 나의 것이 아닙니다. 나에게 주어진 시간은 오늘뿐입니다.

"과거는 써버린 돈이고, 미래는 불확실한 어음이며, 현재만이 현금이다"라는 말처럼 오늘 외에 확실한 날은 없습니다. 이미 지나가버린 시간의 기억에 사로잡힌 채 살거나, 아직 오지도 않은 시간을 내다보며 미리 불안해하지 말아야 합니다.

나에게 가장 소중한 시간은 오늘입니다. "오늘 내가 헛되이 보낸 시간은 어제 죽은 이가 그토록 그리던 내일이다"라는 말처럼 오늘을 충실히 살아가야 합니다. 행복은 저편 어딘가에 있는 것이 아니라 오늘 여기에 있습니다. 인생은 수많은 오늘이 쌓여서 이루어집니다.

실패를
승리의
경험으로
만듭시다

캘리포니아 버클리 대학에서 들쥐를 대상으로 인내심에 관한 실험을 했다. 첫 번째 실험은 들쥐를 욕조에 집어넣고 얼마나 오래 버티는지 관찰했다. 실험에 의하면 쥐들의 평균 생존 시간은 7시간이었다.

두 번째 실험에서는 첫 번째 실험과 똑같은 상황에서 쥐가 탈진해 익사하기 직전에 쥐를 몇 초간 욕조에서 꺼냈다가 다시 집어넣었다. 그런데 두 번째 실험에서는 쥐들의 평균 생존 시간이 20시간으로 늘어났다. 연구원들은 몇 초 간의 차이가 생존 시간의 큰 차이를 만드는 결과를 보고 이유를 찾아 나섰다.

그런데 아무리 열심히 찾아보아도 두 번째 그룹의 쥐들이 첫 번째 쥐들과 다른 점은 한 가지뿐이었다. 두 번째 실험의 쥐들은 한 번의 구조를 당한 경험을 통해 다시 구출될 수 있을지 모른다는 희망을 가지고 있었다. 이 차이가 두 번째 실험의 쥐들이 더 오래 수영할 수 있었던 이유였다.

◇◇◇◇◇

누구에게나 승리의 경험은 중요합니다. 실패를 승리의 경험으로 만드십시오. 에디슨은 실험에 실패할 때마다 "이렇게 하면 실패하는구나" 하며 실패의 방법을 발견한 것으로 여겼다고 합니다. 실패가 발목을 잡았다고 생각하고 좌절하기보다는 성공을 향해 나가는 견인차가 되게 해야 합니다. 실패했다고 다른 사람을 원망하지 마십시오. 하던 일이 계획대로 안 되었다고 낙심하지 마십시오. 원망과 낙심은 실패의 자식들입니다. 실패의 자식들은 독이 되어 영혼을 마비시킵니다.

승리자는 실패를 좋은 경험이라고 말합니다. 조건이나 환경 때문에 안 된다고 생각하는 사람에게는 늘 안 되는 조건과 환경이 주어집니다. 단 한 번의 승리의 경험이 중요합니다. 한 번의 승리는 불리한 조건과 환경을 유리한 쪽으로 바꾸는 첫걸음입니다.

마지막까지 희망을 놓지 않으면 실패도 승리의 경험으로 변화시킬 수 있습니다. 소설가 리처드 브리크너는 "희망은 절대로 당신을 버리지 않는다. 다만 당신이 희망을 버릴 뿐이다"라고 했습니다. 희망을 버리는 순간 완전히 실패하고 맙니다. 실낱같은 희망의 빛이 있다면 아직 실패는 아닙니다.

중국의 소설가 루쉰은 그의 책 《고향》에서 다음과 같이 말했습니다. "희망이란 본래 있다고도 할 수 없고, 없다고도 할 수 없다. 그것은 마치 땅 위의 길과 같다. 본래 땅 위에는 길이 없었다. 걸어가는 사람이 많아지면 그곳이 곧 길이 되는 것이다."

희망은 실패에 굴복하지 않고 꾸준히 길을 밟아가는 가운데 열립니다. 희망은 실패 가운데 감춰져 있습니다. 승리자는 실패의 가운데서도 희망을 찾습니다. 실패를 승리의 경험으로 바꾸면 희망은 곧 현실이 됩니다.

PART 04

# 보는 것과
# 해석하는 것

세상과 소통하고 싶은 당신에게

애빌린의
역설

바람 한 점 없는 무더운 여름날이었다. 미국 텍사스 주에서 한 가족이 한가롭게 도미노 게임을 하고 있었다. 시간이 지나자 게임도 시들하고 분위기도 무료해졌다. 이때 게임을 하던 장인이 사위에게 갑자기 한 가지 제안을 했다.

"이봐, 우리 애빌린에 가서 근사한 외식을 하면 어떨까? 좀 멀기는 하지만 가볼 만할 거야."

함께 게임을 하던 사위는 속으로 생각했다.

'애빌린까지는 거의 80킬로미터나 되는데. 외식을 하고 오기에는 너무 먼 거리 아닐까? 이를 어쩌지….'

장인의 말을 듣고 옆에 있던 아내가 거들었다.

"어머, 참 멋진 생각이에요. 오늘 같은 날에는 드라이브를 하는 것도 좋을 거예요."

사위는 여전히 망설였다. 애빌린까지 운전해서 가는 시간도 시간이지만, 푹푹 찌는 날씨에 차 안은 분명 찜통일 텐데 영 내키지 않았다. 그러나 눈치를 보니 장인과 아내가 가고 싶어 하는데 자기만 반대하면 분위기를 망칠 것 같았다. 사위는 할 수 없이 대세를 따라야겠다고 생각했다.

"참 괜찮은 생각입니다. 저도 좋습니다, 아버님. 장모님 생각은 어떠세요?"

듣고 있던 장모가 웃으면서 말했다.

"물론 나도 가고 싶지. 애빌린에 가본 지 꽤 오래되었거든. 한 바퀴 돌고 오면 기분 전환도 될 거야."

막상 집을 나서자 애빌린으로 가는 길은 생각했던 것보다 더 끔찍했다. 숨이 턱턱 막히는 날씨에 차 안으로 먼지까지 들이닥쳐 아주 가관이었다. 가는 도중에 도로에서 교통사고가 나서 시간이 더 지체되었다. 게다가 겨우 도착한 애빌린의 식당은 음식도 엉망이고 불친절했다. 가족은 4시간이나 걸린 험악한 드라이브 끝에 지칠 대로 지쳐서 집으로 돌아왔다. 사위가 분위기를 바꾸어보려고 애써 쾌활하게 말했다.

"좀 멀긴 했지만 아주 즐거운 여행이었어요. 그렇지요?"

그러자 장모가 입을 삐죽이며 말했다.

"근데 말이야, 나는 사실 집에 있고 싶었어. 너희들이 가자고 난리를 치는 바람에 따라나선 거였어."

장모의 말에 사위도 즉시 맞장구를 쳤다.

"사실 저도 애빌린에 별로 가고 싶지 않았어요. 저는 단지 다른 사람들이 원하는 대로 하려고 갔을 뿐이라고요."

그러자 아내도 불평을 하며 말했다.

"저도 그래요. 전 당신 좋으라고 갔던 거예요. 이렇게 더운 날 외출하는 건 미친 짓이에요."

이 말을 듣고 있던 장인이 머리를 긁적이며 중얼거렸다.

"그러게 말이야. 난 그저 너희들이 지루해하니까 지나가는 말로 해본 것뿐이었어."

◇◇◇◇◇

반대한 사람은 없지만 사실은 아무도 동의하지 않은 역설적인 상황 속에서 이루어진 잘못된 의사 결정을 조지 워싱턴 대학의 제리하비 교수는 '애빌린의 역설(Abilene Paradox)'이라고 이름 붙였습니다.

구성원 누구도 원하지 않지만 반대하면 자신이 책임을 지게 될 것 같으니 묵인하고 맙니다. 그렇게 결정한 일은 누구도 책임지지 않고 변명만이 난무할 뿐입니다. 이러한 현상은 집단 내 구성원 각자가 자신이 소속된 집단의 의견이 자신의 의사와는 다르더라도 감히 집단의 의견에 반대하지 못한 채 동의하는 것으로, 집단 내의 의사소통이 제대로 이루어지지 않는 경우에 나타납니다.

잘못된 관행에 항거하지 못하는 불통의 조직은 죽은 조직입니다. 오늘날 우리 사회에도 애빌린의 저주가 덮친 것은 아닌지 살펴보아야 합니다. 머리는 'NO'인데 입으로는 'YES'를 외치는 조직과 사회는 파멸을 향해 달려가는 브레이크가 고장 난 자동차와 같습니다. 대다수의 사람들이 동의한다는 이유로 틀린 의견임에도 불구하고 자기 의견을 철회하고 동조한다면 자율성을 포기한 것입니다. 다른 많은 사람들의 의견과 다르더라도 자신의 의견을 드러내야 합니다.

사람들은 다른 사람의 반대에도 불구하고 자신의 신념을 끝까지 관철시킨 사람을 '소신 있는 사람'이라고 부르기도 하지만, 독단적인 고집불통으로 낙인찍기도 합니다. 사람들에게 낙인찍힐까봐 두려워 자신의 의견을 제시하지 못하고 동조한다면 그 사회는 퇴보하고 말 것입니다. 자유로운 소통은 닫힌 공간을 여는 열쇠입니다. 소신 있는 사람이든

고집불통이든 자기 의견을 제시할 수 있는 사회가 열린 공간이고, 다양한 의견을 존중할 때 비로소 더 나은 세상이 가능해집니다.

치매의
시대를
살아
갑니다

　숲 속에 이변이 일어났다. 동물회의를 개최한 결과, 수십 년
동안 왕좌를 지켜오던 호랑이 가문이 사슴에게 왕의 자리를 내
주게 되었다. 많은 동물들은 자유를 억압하고 불합리한 권력을
휘두르던 호랑이 대신 사슴이 새로운 왕으로 뽑힌 것에 기대를
걸었다. 호랑이 가문은 예전의 지위와 권력이 탐이 났으나, 이
미 왕좌를 빼앗긴지라 별다른 힘을 쓸 수 없었다. 그러나 샘이
난 호랑이는 사슴이 하는 일에 사사건건 시비를 걸었다. 사슴이
작은 실수만 해도 크게 부풀려서 떠들었으며, 인간에 의한 생태
계의 파괴 역시 사슴의 잘못으로 일어난 일이라고 억지를 부렸
다. 게다가 예전에 자신이 세운 계곡의 구름다리가 무너진 것까
지 사슴 탓을 했다.

동물들은 처음에는 호랑이의 말에 크게 귀를 기울이지 않았다. 그러나 전부터 호랑이를 지지하던 숲의 부자인 곰과 더 이상 뇌물이 통하지 않는 것을 안 여우 등이 나서서 숲 속의 소식통인 다람쥐들에게 사슴에 대한 나쁜 소문을 퍼뜨리도록 유도했다. 사슴은 논리적으로 설득하면 자신이 하는 일을 도와줄 것이라고 생각하고 호랑이를 찾아갔지만, 오히려 헛소리하면 물어 죽이겠다느니, 자기 할 일도 못하면서 타협하고 구걸이나 하려 든다느니 하는 폭언만 듣고 돌아왔다.

　얼마 후 숲 속은 호랑이의 이간질에 의해 두 그룹으로 나뉘었다. 서로 싸움이 늘었고, 싸움 때문에 숲의 일들은 아무것도 해결되지 않은 채 방치되었다. 호랑이는 이 기회를 틈타 사슴이 무능해서 상황이 이 지경이 되었다고 떠벌리며, 사슴 따위는 애초부터 왕이 될 자격이 없다고 주장했다. 동물들은 점점 호랑이의 말을 사실로 믿게 되었고, 급기야는 사슴을 좋아하던 동물들마저도 사슴에게 등을 돌리기 시작했다.

　몇 년 후 숲 속의 왕을 다시 뽑게 되었다. 자연히 호랑이가 다시 왕으로 뽑혔다. 호랑이는 왕이 되자마자 이전보다 더욱 가혹하게 숲 속 동물들을 억눌렀고, 숲은 방치한 채 자신의 잇속을 차리기에만 급급했다. 동물들은 그제야 호랑이의 예전 모습을 떠올렸지만, 이미 늦었음을 깨닫고 깊이 한탄했다.

다시 5년이 흘러 숲 속 동물들에게 왕을 뽑을 기회가 돌아왔다. 그러나 건망증이 심한 동물들은 이미 사슴의 일은 잊어버리고 호랑이보다 더 잔인한 스라소니가 왕이 되는 것에 동의하고 말았다.

◇◇◇◇◇

치매와 건망증은 다른 질병입니다. 남자가 소변을 보다가 아래를 내려다보면서 '내가 언제 이 물건을 썼지?'라고 생각하면 건망증이고, '이게 무엇에 쓰는 물건인고?'라고 생각하면 치매라고 합니다. 건망증은 뇌세포가 퇴화하며 나타나는 증상이지만, 치매는 뇌세포가 손상되어 생기는 병입니다. 따라서 약속을 잠시 잊는 것은 단순한 건망증이지만, 약속에 대한 이야기를 듣고도 무슨 말인지 이해하지 못하는 것은 치매입니다.

오늘날은 치매의 시대입니다. 스스로는 건망증에 걸렸다고 착각하고 있지만, 사실은 심각한 치매에 걸려 있습니다. 기억하지 못하는 것이 아니라 기억이 무엇인지조차 모르는 사람들이 넘쳐납니다. 무엇을 기억해야 하는지조차 잊어버린 사람들이 거리를 활보합니다.

역사를 잊고 사는 사람은 치매에 걸린 사람과 같습니다. 치매에서 벗어나기 위해서는 자신이 치매에 걸렸음을 인정하고 지나간 역사를 다시 읽어야 합니다. 역사의 가치를 바로 아는 사람만이 앞으로 이루어야 할 아름다운 사회의 모습을 꿈꿀 수 있습니다. 혼자 꾸는 꿈은 몽상이지만 함께 꾸는 꿈은 현실이 됩니다. 지나온 걸음걸이를 기억하고 있어야 앞으로 가야 할 길도 바르게 갈 수 있습니다. 꿈은 누군가에 의해서가 아니라 우리 모두의 노력으로 이루어진다는 사실을 되새겨야 할 때입니다.

# 3등석
## 으로
## 내려가
## 보자

미국의 서부 개척시대에는 마차가 중요한 교통수단이었는
데, 마차에도 지금 비행기처럼 1등석, 2등석, 3등석의 구분이
있었다. 일반적인 평지를 지나갈 때는 등급에 따른 차이가 없
었지만, 언덕을 올라가거나 진흙탕처럼 어려운 길을 만나게 되
면 좌석의 등급에 따라 상황이 달라졌다. 언덕이나 진흙탕을 만
나면 3등석 승객은 무조건 내려서 밀어야 하고, 2등석은 내리
지만 따라만 가면 된다. 그러나 1등석은 내리지 않고 마차 안에
앉아서 어려운 험로를 그냥 지나간다. 이 세 등급은 평소에는
아무런 차이가 없지만, 머나먼 서부로 이동할 때 수없이 만나게
되는 험로를 생각하면 1등석은 비싼 값을 충분히 하고도 남았
다고 한다.

◇◇◇◇◇

우리 인생에도 서부 시대의 마차와 같이 세 부류의 자리가 있습니다. 1등석 인생은 스스로 특권층이라 생각하는 사람들로, 공동체에 어려운 일이 있어도 내려오지 않고 앉은 채로 명령만 하려고 듭니다. 또한 2등석 인생도 있습니다. 그들은 어려울 땐 내려서 따라가기는 하지만, 결코 밀어주지 않는 기회주의자입니다. 그러면서 '좀 더 돈이 많았다면 1등석을 탈 수 있었을 텐데' 하는 아쉬움과 원망 속에서 살아갑니다. 끝으로 3등석은 처음부터 앉을 생각도 않고, 험한 일을 만났을 때 일할 준비가 되어 있습니다. 그런데 이 세 부류의 자리와 상관없이 사는 사람들도 있습니다. 그들에게 좌석의 등급은 큰 문제가 아닙니다. 어쩔 수 없이 3등석에 탄 사람도 있지만, 1등석에 앉아 있다가도 험로를 만나면 자리에서 내려와 함께 밀어주는 사람도 있습니다.

사람은 태어나면서부터 자리가 정해져 있다고 하지만, 자리는 살아가면서 계속적으로 바뀔 수 있고, 그러한 변화의 가능성 때문에 인생은 역동적입니다. 많은 사람들이 편안한 1등석을 원합니다. 1등석은 겉으로 볼 땐 좋은 것 같지만, 사실은 그 자리를 유지하기 위해 항상 긴장하고 경계

해야 하는 가장 살벌한 자리입니다. 2등석은 언제나 1등석을 차지하려고 호시탐탐 노리는 동시에 3등석으로 떨어질까봐 전전긍긍합니다. 3등석은 가장 낮은 자리이지만 늘 비참한 것만은 아닙니다. 오히려 경쟁의 대열에서 벗어나 맡은 일에 소명의식을 갖는다면 3등석이야말로 인생의 진정한 목적을 볼 수 있는 자리가 되기도 합니다.

인생의 진정한 목적은 1등석을 차지하려는 데 있지 않습니다. 오히려 3등석을 지향하는 사람들도 있습니다. 그들에게 3등석이 좋은 이유는 살아 있음을 느끼게 해주기 때문입니다. 3등석은 섬김의 자리입니다. 3등석을 지향하는 사람의 마음은 비굴하지 않고 여유롭습니다. 3등석에 앉으면 오히려 인생의 목적이 무엇인지 분명히 볼 수 있습니다.

우리 사회는 평등하다고 하지만 사실은 계급사회입니다. 이러한 사회에서 벗어나려면 1등석을 향한 투쟁을 멈추고 3등석을 지향하는 의식이 필요합니다. 지금 몇 등석에 앉아 있습니까? 지금 내가 어디에 앉아 있는지 아는 것은 오직 자신뿐입니다.

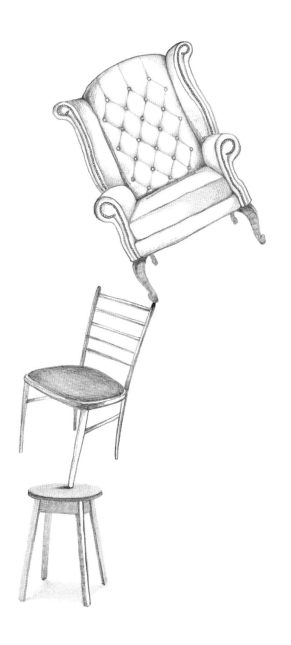

정치에
참여해야
하는
이유

책을 읽고 있던 아들이 아빠에게 물었다.

"아빠, 1차 세계대전이 어떻게 일어났어요?"

신문을 보고 있던 아빠가 대답했다.

"독일이 벨기에를 침략하면서 시작됐지."

그러자 옆에서 TV를 보던 엄마가 말했다.

"여보, 애한테 제대로 말해줘요. 어떤 사람이 살해당했기 때문에 일어난 거잖아요."

아빠는 엄마의 말에 기분이 상해서 퉁명스럽게 쏘아붙였다.

"지금 아이가 당신에게 묻는 거요, 나에게 묻는 거지. 왜 쓸데없이 참견을 하는 거요?"

아빠의 말에 화가 난 엄마가 자리에서 벌떡 일어나 방문을 쾅 하고 닫고 밖으로 나갔다. 곧이어 부엌에서 그릇 부딪치는 소리가 시끄럽게 들려왔다. 상황을 눈치챈 아들이 아빠를 쳐다보며 말했다.

"아빠, 전쟁이 어떻게 일어나는지 더 말하지 않아도 돼요. 이제 확실히 알았어요."

◇◇◇◇◇

전쟁은 큰일 때문이 아니라 의외로 작은 일에서 시작되는 경우가 많습니다. 분쟁을 해결하는 계기도 큰일이 아닌 사소한 일로부터 시작됩니다. 분쟁은 사리를 따지고 잘잘못을 가리는 것만으로 해결되지 않습니다. 이성이 아니라 얽힌 감정의 선을 풀어야 화해할 수 있기 때문입니다.

전쟁을 하지 않으려면 정치를 해야 합니다. 정치학에서 말하는 정치의 고전적 정의는 '권력 투쟁을 통해 인간들이 맺고 있는 사회적 관계를 유지·재생산시키거나 변화·혁신시키는 인간의 사회적 실천 일반'을 가리킵니다. 여기서 정치는 권력을 전제로 합니다. 사회에는 크고 작은 권력이 존재하고, 권력을 어떻게 획득하고 유지할 것인지가 사람들의 중요한 관심사입니다.

일상생활에서의 정치란 서로 다른 의견을 가진 사람들이 대화와 타협을 통해 의견을 조율해가는 과정입니다. 정치는 나와 다른 의견도 맞을 수 있음을 인정하고 타협하며 공존하는 데서 시작됩니다. 그러므로 정치에는 양보가 전제되어야 합니다. 내 의견을 드러내는 일이 정치의 시작이라면 다른 사람의 의견을 듣는 것이 정치의 과정이고, 서로 다른 의견을 맞춰가는 것이 정치의 결과입니다.

바른 정치는 자신의 의견만을 관철시키려 하지 않고, 약자의 의견을 존중하며 강자의 관용을 이끌어냅니다. 뒤에서 투덜대면서도 의견을 내지 않는 사람들, 소리를 지르면서도 결말을 책임지지 않는 사람들로 가득하면 정치는 혐오의 대상이 됩니다. 바른 정치는 사람들의 의견이 서로 다르다는 것을 전제로 자기 의견을 드러내는 일에서 시작됩니다.

고대 그리스의 철학자 아리스토텔레스는 "인간은 정치적 동물이다"라고 주장했습니다. 그의 주장처럼 인간은 정치를 떠나서는 살 수 없습니다. 그러므로 참된 인간이라면 정치를 혐오하고 멀리하는 대신 바른 정치에 참여해야 합니다.

사회의 변화는 한 개인의 바른 정치 참여로부터 시작됩

니다. 가정 안에서 혹은 조직 안에서 이루어지는 논의에 참여하는 것도 바른 정치에 참여하는 일입니다. 지역사회에서 일어나는 작은 일에 경청하는 것도 바른 정치의 시작입니다.

# 절대
# 강자는
# 있다?

시냇가를 지나던 늑대가 물을 마시고 있는 어린양을 만났다. 늑대는 순진하게 생긴 어린양을 바로 잡아먹자니 어쩐지 양심에 찔렸다. 그래서 어린양을 잡아먹을 합리적인 구실을 찾으려고 했다. 늑대는 어린양이 물을 먹으면서 자신이 마실 물을 더럽혔다고 트집을 잡았다. 어린양은 자신의 결백을 주장했다.

"그렇지 않아요. 저는 지금 시냇물의 하류 쪽에 있고, 아저씨는 상류 쪽에 서 있잖아요. 그런데 어떻게 제가 먹은 물이 아저씨한테 흘러갔다는 거예요."

그러자 늑대는 다른 일을 들먹였다.

"그건 그렇다 치고… 너 인마, 돌아가신 분에 대한 예의가 없어. 작년에 우리 아버지가 사냥꾼의 총에 맞아서 돌아가셨을 때

넌 우리 아버지를 비웃었어."

그런데 이 어린양은 얼른 달아나지 않고 당당하게 논쟁을 이어갔다.

"아저씬 계산도 못하시나 봐요. 그때 전 아직 태어나지도 않았는걸요."

자꾸 말대꾸를 하는 어린양을 보니 늑대는 어느덧 양심의 가책이 사라졌다. 늑대는 그제야 본색을 드러내며 말했다.

"난 더 이상 자기만 잘났다고 떠드는 위선자를 용납할 수 없어. 너같이 잘난 척하는 녀석들만 없다면 이 세상이 훨씬 살기 좋아질 거다."

늑대는 말을 마치자마자 어린양을 잡아먹었다.

◇◇◇◇◇

이 이야기는 '강한 자의 주장이 언제나 정의다'라는 사고가 통용되었던 루이 14세 시대를 풍자한 우화입니다. 힘 있는 자, 권력 있는 자, 지식 있는 자, 돈 있는 자들은 어느 시대에나 있습니다. 철학가, 사상가, 이념가들은 제각각 '정의'에 대해 주장하지만, 약자를 지배하는 강자들의 입장에서는 '강한 자의 주장이 정의'라는 말이 곧 사실로 받아들여졌습니다.

어린양과 다투는 늑대의 목적은 처음부터 하나였습니다. 다만 어떻게 그 목적을 이룰지가 문제였습니다. 강자의 논리는 결국 자기 이득의 극대화에 있습니다. 다만 명분을 가지고 먹을 것인가, 본색을 드러내며 먹을 것인가 하는 방법의 차이가 있을 뿐입니다. 양심이 거추장스럽게 느껴질 때 비로소 강자의 본색이 적나라하게 드러납니다.

그런데 누가 강자이며 누가 약자입니까? 어제까지 강자였던 사람이 오늘은 약자가 되기도 하고, 약자의 입장에서 비굴하게 굴던 사람이 자신보다 약한 사람 앞에서는 강자의 논리로 포악을 떨기도 합니다. 자연계의 먹이사슬은 순환의 원리에 의해 움직이지만, 사회는 갑과 을의 관계 원리에 의해 움직입니다.

그러나 세월 앞에서는 절대 갑도 절대 을도 존재하지 않습니다. 소설가 이외수는 "지금 살아 있다는 사실만으로도 그대는 절대 강자다"라고 했습니다. '갑'과 '을'의 싸움에서 '병'이나 '정'으로 비껴나갈 수 있는 여유를 찾는 것이야말로 절대 강자의 길로 가는 방법입니다. 지금은 '갑'이지만 다른 곳에서는 '을'이 될 수 있다는 사실을 직시할 때 '병'의 입장에 설 수 있게 되며, 다툼의 시간도 지나고 나면 아무

것도 아니라는 사실을 깨닫게 될 때 비로소 '정'의 입장에서 바라볼 수 있습니다.

자신이 세운 목적을 달성하는 일에 급급하면 '갑'과 '을'의 샅바 싸움에 날 새는 줄 모르게 됩니다. 그러나 애초에 목적을 세운 까닭은 이루기 위해서이기도 하지만 누리기 위한 것이기도 합니다. 목적을 이루고 성과를 누리기 위해서는 때때로 '병'의 자리에서 또 어떨 때는 '정'의 입장에서 지금의 관계를 바라볼 줄 알아야 합니다. 목적을 세우고 이를 이루는 과정도 누릴 수 있다면 이것이야말로 절대 강자의 삶이 아닐까요?

'나
아니면
안 돼!'
라는
병

　동물 농장에 사는 수탉은 자신이 태양을 뜨게 한다고 생각했다. 수탉은 매일 아침 일찍 지붕 꼭대기에 올라가서 "꼬기오, 꼬꼬"하고 울면서 아침이 되었음을 알렸다. 수탉이 울고 나면 어김없이 태양이 솟아올랐다.

　수탉은 종종 '만일 내가 병이라도 걸리면 어떡하지?'라고 걱정했다. 그뿐만이 아니었다. '만일 내가 죽기라도 한다면 어떡하지? 그러면 누가 태양을 다시 떠오르게 한단 말인가? 만일 태양이 영영 떠오르지 않으면 어떡하지? 그렇게 되면 온 세상이 캄캄해지고 추워질 텐데. 그러면 풀도 죽고 나무도 다 죽게 되지 않을까? 뿐만 아니라 농장에 있는 모든 동물들도 죽고 말겠지? 그러니까 어떻게 해서든지 내가 매일 아침 지붕 꼭대기

에 올라가서 울어야 돼!'

수탉은 이러한 고민을 아무한테도 얘기하지 못하고 혼자 끙 끙거렸다. 그러던 어느 날 수탉은 전날 파티에 갔다가 너무 늦 게까지 머물렀던 탓인지 그만 늦잠을 자고 말았다. 그런데 어찌 된 일인가? 수탉이 늦잠을 잤는데도 불구하고 태양이 높이 솟 아올라 있는 것이 아닌가!

◇◇◇◇◇

우리 주위에는 '나 아니면 안 돼'라는 병에 걸린 사람이 의외로 많습니다. 세상의 모든 일이 나로 인해 움직인다는 착각에 빠진 사람들입니다. 욕구단계설로 잘 알려진 심리 학자 매슬로는 《과학에 관한 심리학(The Psychology of Science)》 이라는 책에서 "망치를 잡으면 모든 문제가 못으로 보인다" 라고 했습니다. 일명 '망치 증후군'이라고 부르는 유명한 말 입니다. 즉, 사람은 모든 문제를 자기중심적으로 인식한다 는 의미입니다.

각 분야의 전문가가 함께 등산을 해도 자기 관심 분야가 더 크게 보이는 법입니다. 식물학자의 눈에는 식물의 생태 가 보일 것이고, 곤충학자는 곤충의 습생이, 지질학자는 토

양의 분포가 더 크게 보일 것입니다. 그러나 그들이 자기 분야만을 강조하여 산에 대해 정의 내리면 각자 그들이 말하는 산은 온전한 산일 수 없습니다. 자기의 전문성에 갇혀 전체를 보지 못하는 오류를 범할 수 있기 때문입니다.

문제를 알고 대책을 찾는 일은 중요합니다. 그러나 자기중심성 혹은 자신의 전문성이라는 울타리에 갇히지 않아야 합니다. 인간은 본능적으로 자기중심적일 수밖에 없습니다. 자신을 기준으로 세상을 바라보는 것을 막을 수는 없습니다. 그러나 이성을 가진 인간이기에 자신을 객관화하여 제3의 눈으로 바라볼 수 있어야 합니다. 객관적인 사고는 인간만이 갖고 있는 특권입니다.

도움을 받으려는 생각에서 누군가에게 도움을 베풀어주는 자세로, 배려를 받으려는 자세에서 남을 배려해주는 입장으로 자리를 바꾸어보십시오. 지금보다 세상이 훨씬 넓어 보일 것입니다.

놀이가
타락하면
노름이
된다

　콜롬비아에 있는 인디언 마을을 방문한 미국인들은 그곳 인디언들이 보잘것없는 도구로 오랜 시간에 걸쳐 나무를 자르는 모습을 보았다.

　'불쌍한 사람들 같으니! 우리가 이들을 도와주어야겠다.'

　방문객들은 인디언들에게 선물로 큰 도끼를 주었다. 그것은 나무를 단번에 쓰러뜨릴 수 있는 매우 크고 강력한 도끼였다.

　이듬해, 미국인들은 콜롬비아 원주민들이 도끼를 어떻게 쓰고 있는지 보기 위해 마을을 다시 방문했다. 방문객들이 마을로 들어오자, 마을 사람들이 얼굴 가득 미소를 지으며 그들을 에워쌌다.

　나이가 든 추장이 다가와 말했다.

"당신들에게 고마움을 어떻게 다 표현해야 할지 모르겠소. 당신들이 이 도끼를 보내준 다음부터 우리 삶에 큰 변화가 있었소. 우리는 더 많이 놀 수 있게 되었소."

미국인들은 깜짝 놀랐다. 그들은 인디언들이 더 많이 갖기 위해 이전보다 더 많이 일을 했을 것이라고 생각했지만, 인디언들은 빨리 일을 끝내고 자유로운 시간을 더 많이 즐기고 있었다.

◇◇◇◇◇

사람은 놀기 위해 태어난 존재입니다. 하나님은 인간을 창조(Creation)한 후에 인간에게 놀이(Recreation)를 하라고 하셨습니다. 그런데 인간은 놀이를 타락시켜 노름이 되게 했습니다.

놀이가 나누는 것이라면 노름은 모으는 것입니다. 놀이가 다른 사람과 함께 즐기는 것이라면 노름은 다른 사람을 죽이는 것입니다. 놀이가 모든 사람을 위한 것이라면 노름은 한 사람만을 위한 것입니다. 놀이의 끝은 즐거움이지만 노름의 끝은 쾌락입니다. 놀이는 '함께'를 요구하지만 노름은 '오직'을 요구합니다. 놀이가 사람을 건강하게 만든다면 노름은 사람의 건강을 해칩니다.

　그런데 지금 이 세상은 놀이판을 뒤엎고 노름판이 되었습니다. 예전에는 놀기 위해 일했는데 이제는 노름을 위해 일합니다. 동물 중에 배가 불러도 먹을 것을 탐하는 존재는 인간밖에 없습니다. 먼 길을 가기 위해서는 자주 쉬어야 하듯 사람은 일한 만큼 놀 줄도 알아야 합니다. 그래야 도중에 지치지 않고 목적지에 도달할 수 있습니다. 가장 위험한 차는 브레이크가 파열된 자동차입니다. 무작정 달리기만 하다가는 멈추어야 할 때 멈출 수 없습니다. 잘 노는 사람이 일도 잘합니다.

　그러면 어떻게 놀아야 할까요? 함께 놀아야 합니다. 혼자 놀면 노름이 되기 쉽기 때문입니다. 또한 계획을 세우되 노는 것을 우선순위에 두고 급한 것과 중요한 것을 구분할 줄 아는 지혜가 필요합니다. 노는 것이 목표가 될 때 일도 열심히 할 수 있습니다. 그러나 놀이로 시작했다가도 많이 가지려고 하거나 쌓아두려고 하고, 남이 가진 것과 비교하기 시작하면 놀이도 곧 노름이 되고 맙니다.

개
보다
낫소

어느 마을에 아침마다 개를 데리고 운동을 하는 남자가 있었다. 날마다 개와 함께 동네를 달리는 그를 보고 동네 사람들이 말했다.

"개하고 사는 사람이네."

하지만 남자가 아무리 열심히 달려도 매일 개한테 지는 걸 보고 사람들은 뒤에서 수군댔다.

"저 사람은 개 뒤만 졸졸 따라가네. 개만도 못한 사람이야!"

그는 사람들의 수군거리는 소리가 듣기 싫어 더 열심히 달리기 연습을 했다. 그리고 몇 달 뒤, 그는 드디어 개하고 비슷하게 뛸 수 있게 되었다. 그랬더니 사람들은 이렇게 말했다.

"야, 저 사람은 이제 개만큼은 달리는구나. 개 같구먼."

몇 년 후, 남자는 땀 흘려 노력한 끝에 개보다 빨리 뛸 수 있게 되었다. 그러자 사람들은 이렇게 말했다.

　　"저 사람은 개보다는 낫네."

　　남자가 몇 년 동안 노력해서 얻은 평가는 겨우 '개보다 낫다'였다.

◇◇◇◇◇

　　지금 누구와 경쟁하고 있습니까? 경쟁을 하는 상대를 보면 그 사람이 무엇에 가치를 두고 살아가는지 알 수 있습니다. 현대인들은 쓸데없는 일에 목숨을 걸고 경쟁을 하는 경우가 많습니다. 현상에 매달리다 보면 길을 잃기 쉽습니다. 그렇게 되면 지금 내가 누구와 경쟁하는지 대상을 알지 못한 채 불안한 달리기를 할 수도 있습니다. 무엇을 위해, 누구와 경쟁하는지도 모르고 무작정 달리다 보니 어디로 가는지 살필 여유조차 없습니다. 잠시 가던 길을 멈추고 지금 경쟁하는 대상이 누구인지를 살펴보아야 합니다.

　　자본주의 사회에서는 주로 돈과 경쟁을 합니다. 권력과 경쟁을 하는 사람도 있습니다. 그러나 힘이 빠진 수탉이 무리에서 쫓겨나듯 돈이나 권력은 한순간에 사라질 수 있는

허상입니다. 사람과 경쟁을 하는 사람도 있습니다. 그러나 사람은 경쟁의 대상이 아닌 협력의 대상입니다. 사람과 경쟁하면 질투와 시기심의 노예가 되어 더욱 외로워질 뿐입니다. 참 사람이라면 모름지기 참된 가치와 경쟁해야 합니다. 나눔, 평화, 상생, 생명 등과 같은 참된 가치와 경쟁하는 것은 더불어 살아가는 삶을 의미합니다. 함께하는 이가 경쟁의 대상이 아닌 참된 가치를 이루기 위한 동지로 보일 때 비로소 삶은 아름다워집니다.

독일의 신학자 고가르텐은 네 개의 전치사에 의해 인생이 결정된다고 주장했습니다. 첫째는 누구에 '의한(Of)' 삶이냐의 문제입니다. 이것은 삶의 주체에 대한 물음입니다. 둘째는 무엇을 '위해(For)' 살 것인지의 문제입니다. 이것은 삶의 목적에 대한 물음입니다. 셋째는 누구와 '함께(With)' 하느냐의 문제입니다. 이것은 관계에 대한 물음입니다. 그리고 마지막은 무엇에 '의해(By)' 사느냐의 문제입니다. 이것은 삶의 방법에 대한 물음입니다. 이 네 가지 전치사를 동반한 질문에 어떻게 응답하느냐에 따라 그 사람의 삶의 모습이 드러납니다. 이 근본적인 물음에 대한 답은 삶의 방향을 바로 세우는 척도가 됩니다.

이
또한
지나가리라

    드라마에서 직장에서의 갈등 상황이 전개되고 있다. 상사와 부하직원이 의견 차이로 다툰다. 배경 음악이 깔리면서 긴장감이 감돈다. 잔뜩 화가 난 직원의 얼굴이 클로즈업된다. 직원의 이마에 난 주름살이 유난히 깊어 보인다. 잠시 침묵이 흐른 후 직원은 분노를 참지 못하고 소리 지른다.

    "이런 회사, 그만두겠어!"

    배경 음악이 극도로 고조되는 가운데 자리에서 일어난 직원이 문을 박차고 나간다. 바로 이 장면에서 드라마가 끝나자마자 시원한 맥주 광고가 시작된다. 막힌 체증이 시원하게 내려간다는 소화제 광고도 연이어 나온다. 순간 TV를 보던 시청자들은 한숨을 쉬면서 말한다.

"나도 저랬어. 나도 사장 앞에서 저렇게 말하고 나갔어야 했는데! 다시 저런 상황이 오면 나도 박차고 나가야지."

그러나 그 장면 이후 문을 박차고 나간 직원이 어떻게 살고 있는지 궁금해하는 사람은 아무도 없다. 한 번의 카타르시스 때문에 그는 앞으로 실업급여를 받기 위해 교육을 받아야 하고, 이력서에 사회생활 부적응자라는 낙인이 꼬리표처럼 따라다닌다는 사실을 TV는 더 이상 가르쳐주지 않는다.

◇◇◇◇◇

지나친 욕구와 욕망은 사람을 조급하게 만듭니다. 조급함의 끝은 후회입니다. '참는다'는 말은 사람에 대한 인내를 뜻하고, '견딘다'는 말은 환경에 대한 인내를 의미합니다. 인내하는 것은 서두르지 않는다는 것을 의미합니다. 인내는 상황에 대한 성급한 판단을 재촉하지 않습니다.

일본 전국시대에 패권을 차지했던 세 사람이 있었습니다. 오다 노부나가와 도요토미 히데요시 그리고 도쿠가와 이에야스가 그들입니다. 울지 않는 앵무새를 앞에 두고 보인 반응으로 세 사람을 평가하는 이야기가 있습니다. 오다 노부나가는 "앵무새가 울지 않거든 죽여버려라"라고 말했고, 도요토미 히데요시는 "앵무새가 울지 않거든 어떻게든 울게 만들라"고 했으며, 도쿠가와 이에야스는 "울 때까지 기다려라"라고 했습니다. 성급하고 과격한 성격의 소유자 오다, 목적을 위해 수단과 방법을 가리지 않는 권모술수의 인물 도요토미 그리고 인내를 가지고 때를 기다리는 냉철한 인물 도쿠가와, 이 세 사람 가운데 혼란한 정국을 수습하여 일본 전국시대를 평정하고 막부가 된 사람은 도쿠가와 이에야스였습니다. 참고 견디는 사람이 천하를 차지한 것입니다.

내 입맛에 맞지 않는다고 나쁜 음식은 아닙니다. 살다보면 누구나 고난이라는 문 앞에 서게 됩니다. 그 문 앞에서 누군가는 문을 두드리고, 누군가는 문 앞에서 돌아서며, 누군가는 문을 열고 들어갑니다. 물론 선택은 자신의 몫입니다. 사람들은 각자 자신의 짐이 제일 무겁다고 이야기합니다. 그러나 자신이 질 수 없는 짐을 진 사람은 거의 없습니다.

일 년, 십 년을 각오하고 인내하려면 덜컥 겁이 먼저 납니다. 하지만 내일은 어떻게 될지 몰라도 오늘 감당할 수 있는 일이라면 오늘만 참는다는 생각으로 견뎌보십시오. 이 순간, 얼마나 인내하느냐에 따라 인생의 승패가 갈립니다.

한 연구소에서 사람의 피를 몇 그램이나 뽑으면 사망하는지
알아보기 위해 관계 기관의 허락을 받아 사형수 두 명을 대상으
로 실험을 했다. 먼저 한 사람의 눈을 수건으로 가리고 피를 뽑
아 양동이에 주르륵 주르륵 부었다. 한 번, 두 번… 여섯 번째
피를 뽑자 사형수는 사망했다. 다음에는 그 모습을 옆에서 지켜
보던 다른 사형수의 눈을 가리고 숫자를 세면서 양동이에 피 대
신 물을 주르륵 주르륵 부었다. 그런데 "여섯!"을 세자 두 번째
사형수도 숨을 거두었다.

　의사들은 크게 놀랐다. 두 번째 사람은 주사기에서 피를 뽑
는 척만 하고 양동이에 물을 부었기 때문이다. 그는 앞 사람이
죽어가는 모습을 바라보면서 양동이에 피를 여섯 번 부으면 죽

는다는 부정적인 믿음을 갖게 된 것이다. 결국 그는 '여섯'이라는 말을 듣는 순간 자신의 믿음대로 죽고 말았다.

◇◇◇◇◇

부정적인 말은 부정적인 믿음을 갖게 만들고, 잘못된 믿음은 결국 재앙을 불러옵니다. 어느 시골에 한쪽 두레박을 끌어 올리면 다른 쪽 두레박이 내려가는 우물이 있었습니다. 한쪽 두레박이 물속으로 내려가면서 말했습니다.

"나만큼 불행하게 사는 놈은 없을 거야. 우물에서 나올 때는 언제나 가득 차서 나오지만 들어갈 때는 항상 텅 비어 있단 말이야!"

다른 한쪽 두레박은 우물 속으로 내려가면서 말했습니다.

"난 언제나 텅 빈 상태로 우물에 들어가는데 나올 때는 언제나 가득 차서 나온단 말이야."

한쪽 두레박은 불평의 두레박이고, 다른 한쪽 두레박은 감사의 두레박입니다. 감사의 두레박은 항상 낙천적이고 불평의 두레박은 항상 염세적입니다. 당신은 어떤 두레박으로 물을 퍼내고 있습니까? 똑같이 바람이 불어와도 배의 방향을 결정하는 것은 바람이 아니라 돛입니다. 같은 상황이라도 보는 관점에 따라 좋은 일이 될 수도 있고, 나쁜 일이 될 수도 있습니다.

부정적인 말을 달고 사는 사람은 부정적인 생각으로 가득 차 있습니다. 반대로 사소한 일에도 감사하는 마음을 갖고 있으면 언제나 감사할 거리가 생깁니다. 희망, 믿음, 사랑, 즐거움, 유머, 창의성, 긍정적 생각 등은 모두 삶의 중요한 가치들입니다. 그중에서도 긍정적인 생각은 상처 난 삶을 치유하는 출발점이 되고 삶에 활력을 불러일으킵니다.

우리의 뇌는 한 개의 부정적인 말을 중화시키는 데 40개의 긍정적인 말을 필요로 한다고 합니다. 상처를 주기는 쉽지만 상처를 치료하는 데는 그만큼 많은 비용이 든다는 뜻입니다.

우리 사회를 어둡게 하는 세 마디 말이 있습니다. "다 그런데 뭐!", "나 하나쯤이야.", "다른 사람 하는 대로." 그럼에도 불구하고 다음 세 마디의 말 때문에 희망이 있습니다. "다 그래도….", "나 하나만은….", "다른 사람이 하지 않아도 나는…." 오늘 어떤 말을 입 밖으로 표현했습니까? 말이 곧 나의 생각입니다.

고물을
보물로
바꾸는
힘

 네덜란드 로테르담 지방의 어느 작은 마을에서 잔치가 벌어졌다. 마을에서 태어나서 결혼하고 아이를 낳으며 70년을 함께 살아온 노부부의 결혼 50주년을 축하하기 위한 자리였다. 부부를 오랫동안 지켜봐온 마을 사람들은 그동안 노부부가 큰소리치면서 싸우는 모습을 한 번도 본 적도 없고, 술자리에서나 빨래터에서 서로를 헐뜯는 소리를 들은 적도 없었다. 노부부의 얼굴에는 언제나 잔잔한 미소가 떠나지 않았다. 이들 부부는 열심히 밭을 갈아 아이들을 훌륭하게 성장시켰다.
 잔치가 열리던 날, 노부부의 집 조그만 앞마당은 사람들로 북적거렸다. 노부부의 집은 깔끔하게 정돈되어 있었는데, 거실 탁자 위에는 잔칫집에 전혀 어울리지 않는 깨진 낡은 꽃병이 보기 흉하게 놓여 있었다. 몇몇 아낙들이 꽃병을 치우려고 했지만 할머니는 한사코 그 자리에 놔둘 것을 부탁했다. 이윽고 노부부가 손님들에게 인사하기 위해 손을 꼭 잡은 채 거실로 나왔다. 사람들의 따뜻한 박수 속에서 할머니가 입을 열었다.

"대단치도 않은 일로 많이들 와주셔서 고맙습니다. 남편과 결혼한 지 벌써 50년이나 되었군요. 세월이 참 빠르게 느껴집니다. 남편과 제가 지금까지 아무 탈 없이 결혼 생활을 지속해 올 수 있었던 것은 바로 저 탁자 위에 놓인 꽃병 때문이랍니다. 남편에게 실망할 때나 여러 가지 어려움에 빠져 괴로울 때 저 꽃병이 나를 지켜주었지요. 51년 전 늠름한 청년이었던 남편은 제 방에서 청혼을 했습니다. 그때 가슴이 얼마나 뛰었는지 감격한 나머지 이리저리 돌아다니다 그만 탁자 위의 꽃병을 깨뜨리고 말았습니다. 깨진 꽃병은 그날의 내가 느낀 감격, 바로 그것입니다. 그래서 그 마음을 늘 되새기기 위해 꽃병을 눈에 잘 띄는 곳에 놓아두었지요."

◇◇◇◇◇

물건은 함부로 다루면 고물이 되지만 소중히 여기면 보물이 됩니다. 쌓아두면 고물이 되지만 만지면 보물이 됩니다. 고물을 보물로 만드는 힘은 기억과 스토리입니다. 오래 된 건물을 문화재로 지정하는 이유는 그 건물이 살기 편한 건물이어서가 아니라 건물에 기억과 스토리가 담겨 있기 때문입니다. 이는 오랜 친구가 좋은 이유와도 같습니다.

가정에서 아름다운 스토리를 가진 물건으로는 살림을 꼽을 수 있습니다. 살림은 '사람을 살린다'는 뜻입니다. 스토리가 있는 보물을 많이 가지고 있는 사람이 넉넉한 살림살이를 합니다. 즉, 살림살이란 사람을 살리는 일을 하는 것입니다. 살림살이는 이야기를 만들고 풀어놓는 과정입니다. 그래서 살림을 시작하면 고물도 보물이 됩니다.

사람도 마찬가지입니다. 고물 같은 사람도 소중히 여기고 아끼면 보물이 되고, 보물 같은 사람도 무시하고 하찮게 여기면 퇴물이 되며, 내치고 소외시키면 괴물이 됩니다.

보는
것과
해석하는
것

　어떤 학생이 파리를 가지고 실험을 했다. 학생은 갇힌 공간
에 파리를 넣고 소리를 질렀다. 파리는 갇힌 공간에서 잘 날아
다녔다. 학생은 파리의 날개 하나를 떼고 소리를 질렀다. 날개
하나가 떨어진 파리는 온전하지는 못했지만 펄떡거리며 날아
다녔다. 학생은 파리의 날개를 다 떼어버린 다음 소리를 질렀
다. 파리는 날지는 못했지만 뛰기 시작했다. 그 다음에는 파리
의 한쪽 다리를 떼고 소리를 질렀다. 그러자 파리는 뛰지는 못
했지만 기어다녔다. 마지막으로 그는 파리의 다리를 하나도 남
기지 않고 다 떼어버린 뒤 소리를 질렀다. 파리는 날지도 못했
고 뛰지도 않았다.
　마침내 학생은 실험 보고서를 작성했다.

"파리는 날개와 다리를 전부 잃으니 청각 장애를 일으키는 모양이다."

◇◇◇◇◇

같은 일을 두고도 어떻게 해석하느냐에 따라 전혀 다른 결론을 내릴 수 있습니다. 우리 주변에는 사실과 상관없는 해석을 두고 싸우는 사람들이 있습니다. 문제의 본질은 뒷전이고 자신의 감정에 온 정력을 쏟으며 헛다리를 짚는 이들도 있습니다. 그렇게 되면 같은 과정을 거쳤는데도 다른 결과가 나올 수 있습니다. 그것은 바라보는 관점의 차이 때문입니다. 주관적인 시선과 해석은 항상 오류에 빠질 위험이 있습니다.

스승과 제자가 산행을 하다 잠시 쉬고 있었습니다. 그때 바람이 불면서 나무가 심하게 흔들리자 제자가 말했습니다.
"스승님 나무가 몹시 흔들리네요."
그러자 스승이 말했습니다.
"바람이 부는 것이지."
스승과 제자는 다시 길을 걷기 시작했습니다. 얼마 후 숲

속에서 독수리가 토끼를 잡아채고 날아오르는 모습을 보았습니다. 제자가 말했습니다.

"저 토끼 완전 제삿날이네요."

그러자 스승이 말했습니다.

"아니, 오늘 저 독수리는 잔칫날이지."

인간은 원래 자기중심적입니다. 같은 사건을 앞에 두고도 자신을 중심으로 듣고 봅니다. 자기가 이해하는 대로 보고, 자기가 아는 것을 들으며, 자기가 이해한 대로 해석하려 합니다. 사건의 본질이 무엇인지는 관심이 없고 내가 알고 있는 사실이 옳다고 주장하기 바쁩니다. 그리고 그것이 진실이라고 믿습니다.

자기중심적인 사람은 귀는 닫고 입으로만 떠들어댑니다. 자기 의견과 다르면 틀렸다고 비난합니다. 이런 사람들이 득실대는 곳은 불통의 사회입니다. 그러나 내가 보고 있는 것과 내가 듣고 있는 것이 진실이 아닐 수도 있다는 생각을 하면 진실의 문이 열리기 시작합니다. 오늘은 내가 아닌 다른 사람의 귀와 눈으로 세상을 보는 날이 되었으면 합니다. 당신의 눈에는 제삿날이 보입니까? 잔칫날이 보입니까?

희생
없는
변화는
없다

   칠레의 늪지에는 '리노데르마르'라는 특이한 개구리가 산다.
이 개구리는 몸집은 작지만 왕성한 번식력을 자랑하는데, 암컷
은 산란기가 되면 젤리 같은 물질에 싸인 알을 낳는다. 그러나
암컷이 알을 낳으면 옆에 있던 수컷이 알을 모두 삼켜버린다.

   수컷은 삼킨 알을 완전히 소화시키는 것이 아니라 식도 부근
에 있는 소리주머니에 보관한다. 수컷은 알이 부화할 때까지 자
신을 온전히 희생한다. 수컷은 알들이 완전히 부화하기 전까지
결코 입을 벌리지 않는다. 소리주머니에 있는 새끼들의 안전을
위해 자신의 본능적 즐거움인 우는 것도 포기하고 심지어는 먹
는 것까지도 포기한다.

   그러다 알들이 완전히 부화할 때가 되면 수컷 개구리는 비로

소 자신의 입을 벌려 마치 긴 하품을 하듯 새끼 올챙이를 밖으로 내보낸다. 새끼 올챙이를 자신의 몸에서 다 내보낸 수컷 개구리들은 대부분 탈진해 그 자리에서 죽고 만다. 이러한 수컷의 희생 덕분에 리노데르마르가 한두 마리라도 늪에 들어오게 되면 그곳은 머지않아 그들의 세상으로 변한다.

◇◇◇◇◇

많은 사람들은 세상이 변해야 한다고 주장합니다. 그런데 왜 이리 세상의 변화는 더딘 걸까요? 영국 웨스터민스터 사원의 공원 묘지에 놓인 성공회 주교의 묘비에는 다음과 같은 글귀가 적혀 있습니다.

"나는 평생 세상을 변화시키기 위해 애쓰며 살았다. 나라를 변화시키고 사회를 개혁하기 위해 노력했다. 그러나 내 노력은 실패했다. 죽음에 이르러서야 그 이유를 깨닫게 되었는데, 그것은 내가 변하지 않았기 때문이다. 나는 변하지 않고 다른 사람이 변하기를 바랐고, 나는 변하지 않고 사회가 변하기를 바랐다. 이 세상이 변해야 내 삶이 행복할 것이라는 생각은 큰 착각이고 어리석음이었다."

한 사람의 헌신이 세상을 변화시킨다고 말합니다. 소중

한 것을 얻기 위해서는 희생이 필요하다고 외칩니다. 그러나 나라가 변해야 하고 사회가 변해야 한다고 열변을 토하는 바로 나 자신의 희생 없이는 나라도, 사회도 변하지 않습니다. 자신은 희생하지 않으면서 다른 사람의 희생을 강요하는 사회는 불행한 사회입니다.

대부분의 사람들은 희생을 두려워하여 더 이상의 변화를 추구하지 않으려 하거나 부당한 현실에 대응하지 않고, 오히려 희생을 두려워하지 않는 용감한 사람들을 헐뜯습니다. 수많은 사람이 부당한 환경에 적응하려고 들 때 홀로 고독하게 합당한 사회를 꿈꾸는 것은 질식할 노릇입니다. 그럼에도 불구하고 희생이 따르지 않는 변화는 없습니다.

희생은 자기부정으로부터 시작됩니다. 자신의 욕망, 자신의 기분, 자신의 취향, 자신의 혈기, 자신의 꿈을 따라 살던 삶을 내려놓아야 합니다. 그리고 자기부정에서 오는 고독의 두려움을 이겨내야 합니다. 변화는 그 두려움을 이기는 것에서부터 시작됩니다.

다르게
보는
눈

갑작스러운 소나기가 거리를 덮쳤다. 길을 가던 사람들은 비를 피하기 위해 허둥대기 시작했다. 이때 한 청년이 좁은 처마를 발견하고 처마 밑으로 뛰어들어갔다. 그러자 다들 청년을 따라 그곳으로 몰려들었다. 이윽고 좁은 처마 밑이 꽉 찼다. 그때 마지막으로 도착한 뚱뚱한 아주머니가 잠시 망설이는 듯하더니 이내 사람들 사이로 비집고 들어오기 시작했다. 처음 처마를 발견하고 들어온 청년은 아주머니의 커다란 엉덩이에 밀려 처마 밖으로 밀려나고 말았다. 청년은 어이없는 상황에 처마 밑에 서 있는 사람들을 쳐다보았지만 사람들은 다들 고개를 돌린 채 모른 척했다. 청년 옆에서 그 모습을 지켜보던 할아버지가 말했다.

"이보게 젊은이, 세상이 다 그런 거라네."

청년은 점점 더 굵어져가는 빗줄기를 잠시 올려다보더니 서둘러 길 저편으로 달려갔다. 잠시 후 청년은 비에 흠뻑 젖은 채 다시 사람들 앞에 나타났다. 청년의 손에는 비닐우산 다섯 개가 들려 있었다. 그는 비닐우산을 사람들에게 건네주고는 할아버지에게 말했다.

"할아버지! 세상은 결코 그런 것만은 아닙니다."

우산을 나눠준 청년은 다시 비를 맞으며 사라졌다.

$\diamond\diamond\diamond\diamond$

세상을 바꾸는 힘은 세밀한 분석이나 적나라한 평가가 아닙니다. 거창한 선전 구호도 아닙니다. 다르게 볼 줄 아는 눈과 그에 따른 행동이 세상을 바꿉니다.

마르키스 드 라파예트는 프랑스 귀족이었지만 미국 혁명 당시 조지 워싱턴을 도와 혁명을 승리로 이끄는 데 중대한 역할을 한 인물입니다. 그는 전쟁이 끝난 후 프랑스로 돌아가 조상으로부터 물려받은 방대한 영토를 관리하며 농장주로 살았습니다.

어느 해에 유럽에 흉년이 닥쳤습니다. 엎친 데 덮친 격으로 마름병이 창궐하여 밀 농사는 흉작이었고, 많은 사람들이 굶주리며 고통스러운 나날을 보냈습니다. 그러나 라파예트의 농장은 마름병의 영향을 받지 않았습니다. 이때 한 친구가 라파예트에게 권했습니다. "올해 흉년이 들어 밀 값이 매우 뛰었네. 지금이 밀을 팔 때라네." 그러자 라파예트는 친구에게 말했습니다. "아닐세, 지금은 팔 때가 아니라 나누어줄 때라네."

바람의 방향은 사람의 힘으로 조종할 수 없지만 배가 나갈 방향은 결정할 수 있습니다. 같은 상황도 어떻게 반응하느냐에 따라 절망이 되기도 하고 희망이 되기도 합니다. 어떻게 반응할 것인지 선택하는 것은 자신의 몫입니다.

수영을 배우려면 물속으로 들어가야 합니다. 무엇인가를 바꾸려고 든다면 바라만 보지 말고 행동해야 합니다. 경기장에 세워둔 장애물은 지나가지 못하게 하려는 데 있지 않고, 뛰어넘으라고 있는 것입니다.

게으른 사람의 눈에는 장애물만 보이고, 수고하는 사람의 눈에는 가능성이 보입니다. 살아가면서 마주치는 문제는 한 단계 더 성장하기 위한 도약대일 뿐입니다. 인생이라는 경주에서 우승하는 사람은 빠르고 강한 사람이 아니라 목표를 향해 끊임없이 움직이는 사람입니다.

당신의
등불은
꺼졌소

칠흑같이 어두운 밤에 눈이 어두운 사람이 길을 나섰다. 그는 앞을 못 보았지만 다른 사람을 배려하여 등불을 들고 나왔다. 얼마쯤 가다가 그는 어떤 사람과 부딪히고 말았다. 눈이 어두운 사람이 깜짝 놀라 소리를 질렀다.

"여보시오, 눈 좀 똑바로 뜨고 다니시오!"

"당신이야말로 왜 이 어두운 밤에 눈을 감고 다니는 거요?"

그러자 눈이 어두운 사람이 퉁명스럽게 대답했다.

"난 앞을 못 보는 사람이오. 그래서 다른 사람과 부딪히지 않기 위해 이렇게 등불까지 들고 다닌단 말이오."

나그네는 어처구니가 없다는 듯이 말했다.

"여보시오, 당신의 등불은 꺼졌소."

역사의식은 등불을 들고 있는 것과 같습니다. 로마의 정치가였던 키케로는 "역사는 참으로 시대의 증인이요, 진실의 등불이다"라고 했습니다. 바른 의식의 등불이 꺼져버리면 역사는 방향을 잃은 난파선이 되고 맙니다. 바른 역사의식의 등불이 꺼지면 왜곡이 어둠처럼 덮칩니다. 지키지 못한 역사는 패배의 기록이 될 뿐입니다.

인간이 살아온 사건의 기록이 역사라면, 누구의 입장에서 어떻게 기록을 해야 하는지 아는 것이 역사의식입니다. 일본인의 관점으로 우리 역사를 이야기하는 것은 식민 사관입니다. 그들은 자신들에게 유리한 기록을 가지고 자신들의 행동은 미화하고 우리나라를 비하할 것입니다. 같은 역사적 사건이라도 서술자의 관점에 따라 내용이 다르게 전개됩니다. 그래서 바른 역사의식이 중요합니다.

역사학자 토인비는 역사에 대한 사람들의 태도를 '하나의 배를 타고 먼 여행을 떠나는 것'에 비유했습니다. 첫 번째 유형의 사람들은 배가 어디로 가는지 전혀 관심이 없습니다. 오로지 배 안에서 먹고 마시는 일에만 전심전력합니다. 먹을 것이 있으면 만족해하고 먹을 것이 없으면 불행해

합니다. 두 번째 유형은 배가 어디로 가는지는 관심이 없고 주변의 경치를 구경하는 일에만 열심인 사람입니다. 이런 사람은 날씨가 화창하고 멋진 경치가 보이면 좋아하다가도 날씨가 궂고 배가 흔들리면 죽느니 사느니 원망을 합니다. 세 번째 유형은 배가 가는 방향을 알고 최종 정착지를 생각하는 사람입니다. 이들은 목적지로 가기 위해 무엇을 해야 하는지 알고 하루하루 자기에게 맡겨진 노를 열심히 젓습니다. 역사의식은 이 세 번째 사람들에 의해 의미를 찾을 수 있습니다.

현재 내가 살고 있는 공간에서 무슨 일이 일어나고 있는지 관심이 없다면 등불이 꺼진 것입니다. 역사의식의 등을 켜고 있다는 말은 역사에 대한 바른 관점과 해석을 갖고 있다는 뜻입니다. 바른 역사의식을 갖고 있어야 특정 집단이 자신의 정치적 목적을 달성하고자 역사를 왜곡하는 것을 막을 수 있습니다.

등불과 어둠은 공존할 수 없습니다. 등불이 꺼지면 어둠의 세상이 옵니다. 역사에 대한 관심이 꺼지면 우리의 역사에는 이내 왜곡과 자학의 그림자가 덮일 것입니다.

스위스 취리히 대학의 경제학자인 에른스트 페르는 한 가지 실험을 했다. 그는 실험 참가자들을 모집한 후 일정 금액을 나누어주고, 각자에게 자신이 받은 돈을 자유롭게 기부하도록 했다. 그리고 참가자들의 기부금이 모이면 총액의 두 배를 기부한 사람에게 똑같이 나누어주었다. 만약 모든 사람이 10만 원씩 기부를 한다면 20만 원씩 돌려받게 되므로, 많이 기부할수록 많은 돈을 갖게 되는 셈이었다.

　그런데 예상과 달리 회를 거듭할수록 사람들의 기부 액수가 줄어들었다. 그리고 마침내 모든 사람들이 한 푼도 기부금을 내지 않게 되었다. 조사해보니 그들 중 누군가는 돈을 내지 않아도 혜택을 받을 수 있다는 데 원인이 있었다.

참가자들은 회를 거듭할수록 기부는 하지 않은 채 배당금만 가져가는 사람이 있음을 알아차리기 시작했다. 그리고 이런 사람이 있다는 사실을 알게 되자 집단의 믿음은 순식간에 무너져 내렸다. 아무리 쉽게 돈을 벌 수 있는 기회가 있더라도 자기가 투자한 것으로 다른 사람이 배를 불린다는 사실을 알고 난 후에는 기부하고 싶은 생각이 사라진 것이다.

페르는 이러한 허점을 보강하기 위해 연구를 거듭한 끝에 한 가지 효과적인 방안을 제시했다. 그는 누구든 약속을 지키지 않는 사람을 발견하면 신고할 수 있게 했다. 단, 신고를 할 때는 신고 비용으로 1만 원을 내게 했고, 신고 당한 사람은 2만 원의 벌금을 내게 했다. 이렇게 해서 모인 3만 원은 기부액에 합산되어 모든 사람에게 공평하게 나누어주었다. 얌체들을 응징할 수 있는 제도를 마련한 후 제도는 비로소 안정적으로 정착될 수 있었다.

◇◇◇◇◇

공공의 선은 그것을 지키려는 의로운 사람의 희생을 필요로 합니다. 자신에게 희생이 요구되더라도 정의를 구현하고 싶어 하는 사람이 있어야 하고, 이러한 희생이 가치 있게 쓰일 수 있는 제도가 마련될 때 비로소 공공의 선이 유지됩니다. 사회에서 일어나는 불의를 보고 모두 방관만 한다면 그 사회 시스템은 붕괴될 것입니다. 희생한 사람이 피해를 본다는 불신이 팽배한 사회에서는 아무도 희생을 감수하려고 들지 않을 것입니다.

우리 사회의 민주화는 1970~80년대 의로운 희생을 감수했던 정의로운 이들의 피로 쟁취된 결과입니다. 그런데 오늘날에는 공공의 선이 무너지는 모습을 바라보면서도 자신을 희생하며 앞으로 나서는 사람을 찾아보기 힘듭니다. 정의가 이루어지기를 바라면서 불의에 항거하는 사람을 외면하는 사회는 불행한 사회입니다. 정의를 위해 희생하는 사람을 격려하지는 못할망정 비난하는 사회는 희망이 없는 사회입니다. 모두가 정의를 위해 싸우지는 못할지라도 자신을 희생하며 정의를 세우려는 사람을 존경해야 합니다. 그런 사회가 되면 불의는 더 이상 자리를 잡을 수 없게 될 것입니다.

　　강원도 깊은 두메산골에 창수라는 아이가 살았다. 창수는 생일날 장을 다녀온 아버지로부터 흰 고무신 한 켤레를 선물 받았다. 창수는 난생처음 받아본 새 고무신이 닳을까봐 아까워서 고무신을 신지 않고 손에 들고 다녔다.

　　어느 날 창수는 개울에서 흰 고무신을 씻다가 그만 한 짝을 놓치고 말았다. 고무신은 물살을 타고 떠내려갔다. 창수는 고무신을 건지려고 무작정 개울을 따라 내려가기 시작했다. 고무신은 계속해서 떠내려가 마침내 큰 강에 이르렀다. 한참 동안 고무신을 따라가던 창수는 결국 길을 잃어버리고 말았다. 그리고 다시는 집으로 돌아갈 수가 없었다. 졸지에 고아가 된 창수는 온갖 고생을 하며 한 많은 삶을 살았다.

　　어느덧 세월이 흘러 초로의 노인이 된 창수는 가족을 찾아주는 TV 프로그램에 나와 굵은 눈물을 흘리며 그때의 상황을 이야기했다. 마침 그의 형이 프로그램을 보다가 동생을 알아보고 방송국에 연락했다. 그렇게 해서 창수는 다시 가족을 만나게 되었다. 그러나 어머니는 자식을 잃어버리고 난 뒤 얼마 안 되어

화병으로 세상을 떠났고, 아버지는 오래전부터 치매를 앓아 50
년 만에 다시 만난 자식을 알아보지 못했다. 창수는 아무 말도
하지 못하고 하염없이 눈물만 흘렸다.

우리는 때로 사소한 것에 관심을 두다가 정작 소중한 것
을 잃어버리기도 하고 귀중한 인생을 낭비하기도 합니다.
많은 사람들이 자기 인생에서 가장 소중한 것이 무엇인지
를 잘 안다고 생각하지만, 죽음 앞에 서고 나서야 고무신 한
짝 때문에 더 소중한 것을 잃어버렸다는 사실을 깨닫는 경
우가 많습니다.

오늘 해야 할 일이 많고 생각할 거리가 많아 머릿속이 복
잡하다면 우선순위를 분명히 하십시오. 오늘 가야 할 길 위
에 서서 마음이 흔들리고 있다면 원칙을 지키십시오. 하루
가 답답하면 계획을 구체화하십시오. 사는 것이 버거우면
의미를 생각하십시오.

지나가지 않는 세월이 없듯 감당하지 못할 일은 없습니

다. 오늘을 살면서도 영원을 볼 수 있는 눈이 열리면 하루가 아니라 영원을 사는 것입니다. 여러분에게 오늘은 어떤 날 입니까?

덕정에서

문병하

오늘은
시작하기
좋은 날입니다
© 문병하, 2015

**초판 1쇄 인쇄** 2015년 12월 4일
**초판 1쇄 발행** 2015년 12월 11일

**지은이** 문병하
**펴낸이** 이기섭
**편집인** 김수영
**기획편집** 오혜영 이미아
**마케팅** 조재성 정윤성 한성진 정영은 박신영
**경영지원** 김미란 장혜정

**펴낸곳** 한겨레출판(주) www.hanibook.co.kr
**등록** 2006년 1월 4일 제313-2006-00003호
**주소** 서울시 마포구 효창목길 6 (공덕동) 한겨레신문사 4층
**전화** 02) 6383-1602~3 **팩스** 02) 6383-1610
**대표메일** happylife@hanibook.co.kr

ISBN 978-89-8431-944-8   03230

• 책값은 뒤표지에 있습니다.
• 파본은 구입하신 서점에서 바꾸어 드립니다.